KB182481

나는 매일 남이 버린
행운을 줍는다

나는 매일 남이 버린 행운을 줍는다

요시카와 미쓰히데 지음 | 이정환 옮김

여의도
책방

인생을 바꾸고 싶으세요?
쓰레기를 주우세요!

연 매출 47억 엔 기업의 경영자가 길에서 쓰레기를 줍는
다고 하면 다들 깜짝 놀란다. 나는 그런 반응에 기쁨을 느낀
다. '쓰레기 줍기 매직'을 설명할 수 있는 타이밍이기 때문이
다. 내 삶은 쓰레기 줍기 전과 후로 너무나도 크게 달라졌다.
그리고 이 책은 더 많은 분들이 나와 같은 행복을 느끼시길
바라는 마음을 담아 썼다.

나는 군마현 오타시에 본사를 둔 주식회사 프리마베라의 창업자다. 회사는 최근 13년 연속 매출 및 수익 증가, 11년 연속 최고 수익을 갱신 중이다. 따라서 나는 자본주의 사회에서 이른바 '성공한 사람' 부류에 들어간다. 하지만 그보다 더 중요하게 나를 설명하는 말이 있다. 바로 '쓰레기 줍기 선인'이다. 내 입으로 선인이라고 하기는 부끄럽지만, 듣기 좋은 별명이라 거부하지 않는다.(웃음)

2005년부터 직원들의 행복을 위해 '경영 구조화'와 '행복 연구'를 인생의 2대 주제로 삼아 꾸준히 연구해 왔다. 행복을 연구하다 보면 습관의 중요성을 깨닫는다. 나는 습관에 욕심이 많아서 전 세계의 경영자들이 '좋다'고 실천하거나 추천하는 습관은 닥치는 대로 받아들여 실행해 왔다. 그리고 잔모래를 모두 걸러내면 바닥에 남는 사금처럼, 반드시 갖춰야 하는 습관으로 최종 선택한 것이 바로 쓰레기 줍기다.

쓰레기 줍기를 시작한 것은 2015년이다. 그 후 틈만 있으면 쓰레기를 주웠고 지금까지 주운 쓰레기는 100만 개가 넘는다. 내가 사는 지역에서는 길을 오가는 사람들이 말을 걸

기도 하고 시장님의 SNS에 등장하는 등 나름 '이름 없는 유명인'이다.(웃음)

습관을 바꾸면 인생이 바뀐다

'경영 구조화의 프로', '행복 전문가'로서 18년 동안 경영과 자기계발 서적을 탐독하고 수많은 국내외 세미나에 참가하며 '진리'를 추구해 왔다. 동료들에게 '세미나 광'이라는 말을 듣던 내가 18년 동안 세미나에 지불한 비용은 약 2억 엔이다.(웃음)

또 우리 회사 사람들과 이른바 고락을 함께하며 일상이나 업무에서 쉽게 얻기 힘든 다양한 경험을 해왔다. 18년 동안 배운 여러 가지 내용 중에서도 정말 중요한 깨달음은 인생은 사물을 보는 방법, 사고방식, 습관에 따라 결정된다는 것이다.

인격(어떤 사람인가)은 그 사람이 외부의 사상을 어떤 사고방식을 기준으로 해석하는가에 따라 정해진다. 그리고 또 하나는 그 사람이 일상적으로 실천하는 습관에 따라 결정된다.

"습관은 인격을 만든다"는 유명한 말이 있다. 그 말을 거꾸로 생각해 보면 사물을 보는 방식, 사고방식 즉 습관을 바꿀 수 있다면 인생을 바꿀 수 있다는 뜻이다. 습관을 바꾸면 자신이 생각하는 대로 인생을 디자인할 수 있다.

수많은 가르침은 '좋은 사람'이 되라고 말한다

서른한 살 때부터 동서고금의 성공철학을 공부했고 선배 경영자나 운동선수, 철학자, 종교가들이 말하는 '인생의 진리', 견해, 사고방식, 습관을 직접 실천하면서 실험해 보았다. 그 결과 대부분의 유명 경영자나 종교인, 철학자들이 하는 말에는 공통점이 있다는 것을 깨달았다.

경영자의 목표는 매상이나 이익 등 경제적 성과를 내기 위해 최선을 다하고 이른바 '성공한 사람'이 돼 세상의 명성을 얻는 것이다. 따라서 경영자가 말하는 행복의 토대에는 경제적 성공이나 성과라는 '달성한 것', '이뤄낸 것'이 깔려 있다. 운동선수도 마찬가지다. 운동선수는 금메달이나 세계 챔피언 등의 훈장을 손에 넣는 것이 행복의 토대로 작용한다. 즉

그들이 말하는 '행복'은 대부분 '자기실현'이다. '원하는 사람'
이 되고 싶다거나 '원하는 결과'를 얻어야 한다.

자기실현이란 '원하는 사람'이 되는 것이다. 그렇게 하려
면 현재의 상황과 이상적인 모습의 차이를 인식하고 그 차이
를 좁히기 위해 꾸준히 노력해야 한다. 그래서 사람들은 '노
력하면 반드시 이뤄진다'는 문맥으로 행복을 이야기할 때가
많다.

한편 자신의 성공만 추구하면 장기적으로 사람들에게
응원을 받을 수 없다. 사람들의 응원을 받으려면 겸손과 인품
이 필요하다. 경영자라면 직원이나 고객, 거래처 사람들에게
신뢰를 얻어야 하기 때문에 '인격을 연마'해야 한다. 그리고
이럴 때 '인격을 연마'하라는 말은 결국 '좋은 사람이 되라'는
뜻이다.

사람들 대부분의 집합의식은 '선'과 '악'을 기준으로 성립
된다. 우리는 어린 시절부터 부모님이나 학교 선생님에게 윤
리관과 도덕관을 배운다. "이것은 좋고 이것은 나쁘다. 좋은
일을 하고 나쁜 일을 하지 말아라."

비즈니스는 불특정 다수의 고객이나 직원을 상대하기
때문에 이 집합의식에 맞는, 선악의 기준에 맞춰 행동해야 한

다. 그러면 결과적으로 '좋은 사람이다, 좋은 회사다'라는 신용을 얻고 꾸준히 지지를 받을 수 있다.

나도 비즈니스맨이니까 이 '좋은 사람 되기'를 인생과 경영의 지침 중 하나로 내걸고 살아왔다. 쓰레기 줍기를 만나기 전까지는….

'좋은 사람'이 되려고 노력하면 힘들어진다

'좋은 사람이 되라'는 지침은 우리를 힘들게 만든다.

예를 들면 이런 말이 있다. "직장에서는 항상 웃는 얼굴을 보여야 한다. 아무리 힘들어도 힘든 표정을 보이지 말고 거짓으로라도 활기 넘치는 모습을 보여야 한다." 훌륭한 직업인들이 흔히 사용하는 말이다.

그러나 이는 너무 가혹한 규칙이다. 우린 모두 감정을 가진 인간이니까. 하지만 성실한 우리는 '좋은 사람이 되라'는 집합의식에 맞춰 스스로 가혹한 '자기만의 규칙'을 설정하고 고통 속에 빠져든다.

나는 지금도 '훌륭한 회사'나 '훌륭한 사람'이 있다는 말을 들으면 본업을 제쳐두고 전국 어디든 달려간다. 때로는 외국으로도 찾아간다. 경영자뿐 아니라 보통 사람이라고는 생각할 수 없는 특별한 사람을 만나러 가는 것도 나의 라이프워크, 필생의 사업이다.

　루빅큐브의 여섯 개 면을 순식간에 맞추는 능력자가 있다는 말을 듣고 즉시 만나러 갔고, 수년 동안 식사를 하지 않으면서 건강을 유지하는 사람이 있다는 말을 들었을 때도 만사를 제쳐두고 달려갔다. 하루 45분의 수면만 유지하면서 건강하게 생활하는 사람이 있다는 말을 듣고는 실제로 돈을 지불하면서까지 내가 직접 짧은 수면을 하는 인체실험을 해보기도 했다. 당시에는 매일 8시간이 필요한 수면을 3시간으로 줄이면 하루 5시간의 여유가 생기고 그만큼 일을 더 할 수 있겠다고 꽤 진지하게 생각했다.(웃음)

　그렇게 만난 사람 중에서도 손꼽히는, 이른바 '대단한 업적을 올린 사람', '훌륭한 사람'이라는 평가를 받는 중소기업 사장님이 있었다. '최고의 인격자'라고 불리는 분이다.

　현대 사회의 부처님이나 예수 그리스도 같은 분이라고 말할 수 있다. 유명한 기업의 사장님들 중에도 팬이 많고 멋진 이념경영을 실천하는 회사의 사장님이다. 실제로 몇 번인가 만나봤는데 매우 고결한 분이라는 느낌을 받았다. 직장인이나 경영자를 상대로 강의를 할 때면 숭고한 이념을 이야기하고 스스로도 그것을 실천하는 이른바 '인격자'다.

하지만 언젠가 지인에게 뒷이야기를 들을 수 있었다.

"사실 그 사장님은 상당한 연봉을 지불하면서 전용 운전기사를 고용합니다. 그 운전기사가 고액 연봉을 받는 이유는 차 안에서 사장님의 욕설을 들어주기 때문이에요. 평소에 훌륭한 인품을 보여주기 위해 쌓아둔 불평불만을 차 안에서 모두 쏟아내는 것이지요."

이 이야기를 듣고 깜짝 놀랐다. 하지만 동시에 그분도 인간다운 면이 있는 사람이라는 생각에 나도 모르게 입가에 미소가 번졌다.(웃음)

세상에는 신격화된 '훌륭한 사람'이 많은데 그 실태는 다른 사람과 마찬가지로 감정을 가진 인간이다. 이기심도 있고 부정적인 감정도 있다. 사람들이 없는 장소에서는 그날의 기분에 따라 자신이 만든 규칙도 얼마든지 깰 수 있다. 물론 나도 마찬가지다. 만약 계속 참기만 한다면 이 사장님처럼 단번에 폭발해 버릴 것이다. 억제되고 억압됐던 에너지를 언젠가는 배출해야 하니까.

내가 하고 싶은 말은, 결국 '무슨 일이 있어도 화내지 않는 인격자를 본 적은 없다'는 것이다.(웃음)

오히려 자신의 규칙을 철저하게 지킬수록 인내를 강요받고 감정을 억누르게 돼 인격자일수록 더 불쾌한 기분에 사로잡혀 살 가능성이 높다. 우리 회사보다 훨씬 더 높은 성과를 내는 유명 기업 경영자들과 회식을 하면 거의 틀에 박힌 듯 듣는 말이 있다.

"당신이 부럽습니다. 나도 당신처럼 살고 싶어요. 당신처럼 하고 싶은 일을 하면서 살면 얼마나 좋을까요."

'훌륭한 사람이어야 한다'는 규칙은 우리 스스로를 고통스럽게 만든다.

행복의 두 가지 방향성: 자기실현과 자기긍정

행복의 '진리'를 추구하다가 알게 된 것이 또 하나 있다. 행복의 벡터, 즉 방향성은 두 가지다.

하나는 자기실현이다. 단적으로 말하면 '원하는 자신이 되기 위해', '결과를 내기 위해' 노력하는 것이다. 경영자나 운동선수들 대부분이 말하는 '행복'이다.

그리고 또 하나는 있는 그대로의 자신을 인정하고 사랑하는, '나는 나로 만족한다'는 자기긍정이다.

내가 이 책을 쓴 이유는 '쓰레기 줍기로 자기실현을 하자'고 말하기 위해서가 아니다.

자기실현의 방향성은 이상을 내걸고 '스스로를 좀 더 높인다'는 것이다. 물론 이것도 멋진 선택이다. 나 역시 쓰레기 줍기를 시작할 때까지 이 방향성을 기준으로 살아왔으니까. 마흔두 살까지 내 지향은 '전설적인 경영자'였다. 하지만 이런 방향을 설정하면 자칫 고통스러운 삶에 빠질 수 있다. 앞에서 설명했듯 자신만의 엄격한 규칙을 정해놓고 스스로를 구속하기 쉽다.

내가 전하고 싶은 것은 '쓰레기 줍기로 좋은 기분을 만들자'이다. 이것이 이 책의 일관적인 주제다.

훌륭한 경영자나 운동선수들은 "행복해지려면 자기실현을 이뤄야 한다. 그렇게 하려면 인격을 높일 수 있도록 노력해야 한다. 그것이 훌륭한 삶이다"라는 내용을 전한다.

한편 피라미드 사회를 비판하고 자기긍정을 우선하는 사람들은 "나는 있는 그대로의 내가 좋다. 지향하는 것 따위는 없어도 좋다. 있는 그대로의 내가 멋진 존재니까"라고 말한다.

단순하게 나눠보면 전자는 물질사회에서의 성공을 주축으로 삼은 '머티리얼'(Material)한 삶이고 후자는 정신세계에서의 행복을 주축으로 삼은 '스피리추얼'(Spiritual)한 삶이다.

원하는 만큼 행동해야 바뀐다

나는 여러 가지 고생 끝에 성공한 경영자로서 머티리얼에도 흠뻑 취해 봤고 행복 전문가로서 스피리추얼에도 정통했다. 양쪽을 잘 아는 입장에서 말한다면 두 사고방식에는 각각 함정이 있다.

머티리얼의 함정은 이상을 지나치게 추구해서 눈앞의 행복을 간과하기 쉽다는 점이다. 지나치게 목표를 추구한 끝에 자신의 생활을 즐기지 못하고 외면하기 쉽다고 표현하면 이해하기 쉬울까.

스피리추얼의 함정은 정신세계를 지나치게 추구하다가 이상한 종교나 사이비 지도자에게 너무 깊이 빠져들어 현실적인 생활을 하기 어려워진다는 점이다. 내가 말하는 스피리추얼은 이른바 UFO나 심령현상 등 눈에 보이지 않는 정신세계를 가리키는 것이 아니라 일상적인 기분(심리 상태)을 좋게 만들기 위해 생활을 즐기는 행위다.

내가 제안하는 쓰레기 줍기는 지나치게 머티리얼에 집착하는 사람에게는 발치의 행복을 발견하는 계기가 되는 행위다. 반대로 지나치게 스피리추얼에 집착하는 사람에게는 두 발로 땅을 밟고 손으로 만지는 행위다. 자신이 원하는 현실을 손발을 사용해서 행동으로 만들어 낸다는 의미다. 흔히 '간절히 원하면 이뤄진다'고 하지만 현실은 원하는 만큼 행동하지 않으면 아무것도 바뀌지 않는다.

균형 잡힌 삶의 비결

나는 머티리얼도 자신 있고 스피리추얼도 자신 있는 양손잡이다.(웃음)

우리 회사 임원 중 한 명인 마쓰다 고노스케 씨는 자기계발을 매우 좋아하는 사람이다. 과거에는 내 흉내만 내서 '흉

내쟁이'라고 불렸지만 내가 쓰레기 줍기에 빠진 이후부터는 "나는 쓰레기 줍기는 할 수 없다"면서 내게서 멀어져 버렸다. 정말 현명한 판단이다.(웃음)

이후 고노스케 씨는 홀로 유명인사의 회원제 모임 등에 가입해 공부했다. 하지만 이런저런 경험을 하더니 최근 "요시카와 씨가 결국 가장 균형이 잡힌 것 같습니다"라며 다시 내 곁으로 돌아왔다.(웃음)

어쩌면 그도 자신이 머티리얼을 지나치게 추구하느라 스피리추얼(생활을 즐기는)을 너무 등한시했다는 사실을 깨달았을 수 있다.

머티리얼도 중요하다. 스피리추얼도 중요하다. 그렇다면 그 두 가지를 연결하는 것은 무엇일까. 바로 쓰레기 줍기다. 누구나 할 수 있는 쓰레기 줍기라는 매우 간단한 행위로 이 두 가지의 균형을 잡을 수 있다.

성공을 추구하는 자기실현, 또는 자기긍정을 최고로 치는 스피리추얼 중 어느 한쪽에 치우친 서적이 많다. 나는 경영자와 생활인으로서 양쪽의 관점을 중립적으로 받아들여 기분 좋게 사는 방법을 이야기해 보려 한다. 경영자로서 나의 심정과 생활인으로서 일상을 모두 과장 없이 있는 그대로 전할 생각이다.

여러분이 두 가지 행복의 방향성을 이해하고, 쓰레기 줍기 체험으로 행복해질 수 있기를 바란다. 쓰레기 줍기를 시작하면 사물을 보는 견해, 사고방식이 바뀐다. 여러분이 이 책을 읽고 조금이라도 기분 좋고 행복한 인생을 보낼 수 있게 된다면 나로서는 더할 나위 없는 행복이다.

쓰레기 줍기 선인
요시카와 미쓰히데

3 100만 개의 행운을 주운 쓰레기 아저씨의 노하우 ♪

1

나는 매일 행운을 줍는다

성공과 행복을 가져다준
쓰레기 줍기 습관

경영자 대상 세미나에서 행복에 관한 강연을 한 적이 있다. 주최자는 평소에 가깝게 지내는 지인인데 "어떤 내용이든 재밌을 테니까 하고 싶은 말을 마음껏 하시면 됩니다"라고 말했다. 그 말에 힘을 얻어 평소에 자주 이야기하는 '경영의 구조화'가 아니라 '쓰레기 줍기'가 중심이 되는 강연을 했다.

나는 경영에서 나름대로 실적이 있다. 하지만 산전수전다 겪은 경영자들이 볼 때는 '중소기업 사장의 행복 지론 따위 들어봐야 어차피 잘난 척하는 자기만족 이야기겠지…'라고 생각할 것이다. 실제로 강연이 시작될 무렵에는 의자에 비스듬히 몸을 기대고 앉은 분들이 많았다.

유명한 심리학자나 대학 교수, 베스트셀러 작가가 이야기를 한다면 누구나 관심을 가지고 이야기를 들어준다. 이것이 권위성이다. 나는 그런 종류의 권위가 거의 없기 때문에 '이런 사람의 이야기는 메모 같은 건 할 필요가 없어'라는 식으로 완전히 무시를 당하는 상태였다.(웃음)

그러나 권위성이 없으면 증거를 가지고 이야기하면 된다. 나는 강연을 시작하고 자기소개를 하면서 나의 '행복도' 점수를 보여줬다. '웰빙 서클'이라는 게이오기주쿠대학교의 마에노 다카시 교수가 만든 서클에서 작성한 평가서다.

약 10만 명의 피실험자 중 나의 행복도는 편차치 73이다. 100점 만점 중 92.4점에 해당했다. 당시는 경영자 자리에서 물러나기 전이었으니까 왕성하게 활동하는 현역 사장이었다. 내 스코어 중 가장 점수가 높은 항목은 '스트레스 낮음 정도'다. 일반 평균치는 53점이다. 즉 대부분의 현대인이 끌어안은 가장 큰 문제가 스트레스다. 바꿔 말하면 현대인들처럼 상식적인 삶을 살면 스트레스에 완전히 사로잡혀 살아가게 된다는 뜻이기도 하다.

경영자의 일은 처음부터 끝까지 스트레스다. '원하는 모

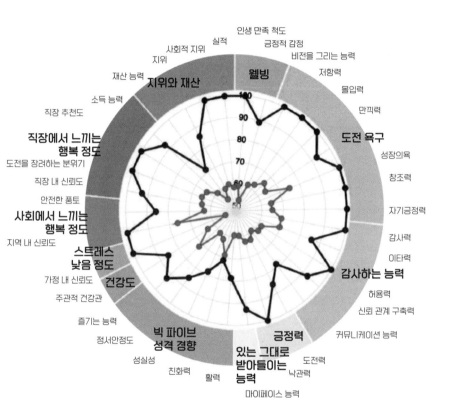

나의 웰빙 사이클♪

● 최신 평가   ● 일반 평균

습을 실현하기 위해 자신이 원하는 대로 움직여 주지 않는 사원들에게 신경을 쓰면서 실적을 올리는 것'이 일이니까. 그야말로 스트레스만 남는 일을 하는 것이다.(웃음)

그런데 나는 이 스트레스 낮음 정도가 '100점'. 즉 스트레스가 전혀 없었다.

강연을 시작하자마자 이 이야기를 했더니 강연장의 분위기가 확 변했다. '이 사람, 뭐야?' 하는 식으로.

그 후에 쓰레기 줍기와 관련된 이야기를 했더니 모두 재미있다는 듯, 때로는 메모도 하면서 내 이야기를 들었다.

강연이 끝난 뒤의 다과회는 성황을 이뤘고 "인생은 무엇이라고 생각하십니까?", "돈은 무엇인가요?"라는 식으로 본질적인 다양한 질문들을 받았다.(웃음)

나는 스트레스가 만연한 사회에서 스트레스를 가장 많이 받는 직업군이지만 전혀 스트레스가 없는, 이해하기 어려운 삶을 산다. 내가 '스트레스 제로'인 이유는 내가 사물을 보는 견해, 사고방식, 습관 때문이다. 정확히 말해 쓰레기 줍기를 시작하면서 스트레스 없이, 기분 좋게 살 수 있게 됐다.

쓰레기 줍기를 시작하기 전에도 나는 행복 전문가로서 다양한 강연을 했다. 그때는 매년 사내 및 사외 사람들을 대상으로 하는 '인생이 설레고 가슴 뛰는 즐거운 연수'에서 이렇게 외치곤 했다.

"자기실현이야말로 행복이다."

"희생을 하지 않으면 큰일을 달성할 수 없다."

"좋은 사람이 돼라."

"동기는 선해야 하고 사심은 없어야 한다."

그리고 스스로도 어깨에 잔뜩 힘을 주고 '멋진 사장, 좋은 사장, 완벽한 사장'으로 행동하려고 상당한 무리를 해왔다. 무엇보다 쓰레기 줍기를 시작하기 전까지 내가 원하던 자아상은 '전설적인 경영자'였으니까. 즉 비즈니스맨으로서 엘리트 중의 엘리트를 지향했었다.

전설적인 경영자가 되기 위해 다양한 시도를 했다. 한때는 도쿄까지 나가 '요시카와 메소드'라는 엄격한 근육 트레이닝 프로그램을 반년 동안 받기도 했다. 육체 개조로 단단한 근육을 갖춰 그야말로 '전설적인 경영자'가 되자는 생각만 가득한 시절이었다.

이 근육 트레이닝 체육관은 퍼스널 체육관이다. 엄격한 트레이닝과 식사 제한을 한다. 그곳에서 카리스마 넘치는 트레이너인 요시카와 선생님(나와는 전혀 관계가 없는 분이다)은 "근육 대부분은 하체에 있습니다. 그러니까 전철을 기다리는 시간 등 자투리 시간에는 무조건 스쿼트를 하십시오. 그것이 신진대사를 높이는 지름길입니다."라고 말했다. 그래서 실제로 틈이 날 때마다 스쿼트를 해봤다.

마침 그즈음, 쓰레기 줍기를 시작한 시기였다. 또한 당시 '두 가지 이상을 동시에 실행하는 습관을 갖추면 효율성이 4.3배 증가한다'는 데이터도 얻었다.

그래서 '쓰레기 줍기를 하면서 스쿼트를 해보면 어떨까' 하는 생각에 길에 떨어진 쓰레기를 주우면서 근육 트레이닝을 해봤다. 이후 쓰레기를 볼 때마다 근육 트레이닝을 하는 습관이 갖춰졌다.

하지만 쓰레기 줍기 근육 트레이닝은 정말 힘들다. 열 개정도 진지하게 스쿼트를 하면서 쓰레기를 줍다 보면 상당한 피로감이 몰려온다. 스무 개 정도 주우면 더 이상 쓰레기를 주울 생각이 들지 않는다. 그래도 이 습관을 지속하다 보니 신기하게도 근육 트레이닝보다 쓰레기 줍기 쪽이 더 기분이 좋아졌다.

원래 주된 목표는 근육 트레이닝이고 쓰레기 줍기는 어디까지나 습관화를 위한 보조작업이었지만 어느 틈엔가 보조작업이 메인이 돼버린 것이다.

그 당시, 교육학자 모리 신조 선생님의 책을 읽다가 이런 구절을 발견했다.

발밑의 휴지 하나 줍지 않는 사람이 무슨 일을 할 수 있을까?

이 글을 보는 순간 나 자신을 가리키는 말이라는 생각이 들었다. '등잔 밑이 어둡다'는 말이 있는데 휴지 조각 하나 줍지 않는 사람은 바로 내가 아닌가 하는 생각이 든 것이다. 당시 우리 회사는 '정리정돈과 청소' 수준이 매우 높은 기업으로써도 이름을 알렸었다. 그래서 전설적인 경영자가 되기 위한 발판을 강화하려면 나의 발밑에 떨어진 쓰레기를 줍는 것부터 시작해야 한다는 원점으로 돌아갔다.

그 결과, 언제부터인가 근육 트레이닝보다 쓰레기 줍기

에 더 열중하게 됐다. 처음 1년 동안은 맨손으로 주웠는데 맨손으로 주우려면 허리를 너무 구부려야 하기 때문에 쉽게 지쳤다. 그래서 인터넷에서 화려한 색깔의 집게를 구매해서 쓰레기를 줍기 시작했다.

그 후, 외출할 때는 항상 집게와 쓰레기봉투를 가지고 다녔다. 나는 이런 식으로 쓰레기 줍기라는 늪에 점차 빠져들게 됐다.(웃음)

좋은 일을 계속하는 비결

나는 습관화 전문가이기 때문에 어떤 일을 지속하는 비결을 몇 가지 안다.

그중 하나가 '계측할 수 있는 것은 개선할 수 있다'이다.

쓰레기를 한 달에 며칠, 몇 개를 주웠는지 세보면 "내가 이 정도를 했다"라는 자신감이 생기고 그 수를 늘리겠다는 마음에 더욱 빠져 들어가는 순환이 시작된다.

그리고 습관화하기 위해 '오늘은 쓰레기를 주웠다', '오늘은 쓰레기를 줍지 않았다'라는 결과를 타인과도 공유하고, 줍지 않았다면 벌을 내리고 주웠다면 상을 내리기로 했다. 즉 타인인 우리 회사 직원들이 "사장님은 저렇게 습관의 중요함을 역설하면서 본인이 지키지 않는다니, 이건 아니지"라고 생각하지 않도록 노력하게 됐다. 이것은 '타인관리 방법을 사용한다'는 습관화 기술의 하나다.

자기관리는 지속할 수 없다. 그렇다면 타인관리 방법을 활용하면 된다. 우리 회사의 '습관도'라는 습관 관련 기입표에 매일 쓰레기 줍기를 '했다, 하지 않았다'로 적기 시작했다. 목표를 달성하지 못하면 벌금 1만 엔이라는 벌칙도 첨부했다.

처음에는 의무감으로 쓰레기를 주웠다.

쓰레기 줍기는 본래 기분이 좋아지기 위해 하는 것이지만 당시에는 그보다는 '좋은 사람이 되자', 그리고 '쓰레기 줍기는 좋은 일이다, 좋은 일을 하면 운이 내 편이 된다, 그리고 운이 내 편이 되면 회사의 경영이 나아진다'고 믿고 쓰레기를 주웠다.

집게를 사용한 쓰레기 줍기를 시작했을 무렵, 쓰레기를 주우면 기분이 좋아지고 사회에 공헌도 한다는 의미에서 '좋은 일'이라고 생각했기 때문에 가족들에게도 권해 봤다.

첫째와 둘째에게 작고 귀여운 어린이용 컬러 집게를 구매해 주고 셋이서 쓰레기를 줍기 시작했다. 초등학생과 유치원생이었던 딸들은 처음에는 즐겁게 쓰레기를 주웠다.

가족이 함께 쓰레기를 줍기 시작한 첫날의 일이다. 근처 마트의 주방용품 좌대 앞에서 둘째와 함께 쓰레기를 주웠더니 마트 사장님이 "착한 공주님이네"라고 칭찬하며 음료수 한 병을 건네줬다.

둘째는 '쓰레기를 주우면 좋은 일이 있어. 칭찬도 받을 수 있어'라고 느꼈는지 다음 날도 열심히 쓰레기를 주웠다.

아이들은 그 후 며칠 동안 나와 함께 쓰레기를 주웠을까?

겨우 사흘이다.(웃음) 대가가 전혀 없는 상태에서 지속하니 아이들이 질려버린 듯했다.

그 이후에는 함께 쓰레기를 줍는 사람이 없어서 혼자 줍고 다녔다.

우리 집을 기준으로 동서남북으로 루트를 설정했다. 매일 아침 '오늘은 북쪽 루트로 간다'는 식으로 하나의 코스를 선택, 이른 아침부터 약 한 시간 정도 쓰레기를 줍고 일을 시작하는 루틴을 지속한 적도 있다. 일출 시간에 쓰레기를 주우면 눈부신 아침 햇살을 한껏 받게 돼 말로 표현할 수 없는 행복이 느껴진다. 낮에 쓰레기를 주우면 오가는 사람들이 말도 별로 걸지 않지만 아침에 길에서 마주치는 사람들은 여유가 있는지 대부분 한마디씩 칭찬을 건넨다.

하지만 당시의 나는 적극적이고 활동적인 경영자였기 때문에 '한 달에 400시간 노동'이라는 나만의 규칙을 세워둔 상태였다.

이 규칙을 2008년부터 지금까지 지켜왔다.

단 한 달, 아버지가 말기 암 진단을 받아 간병하고 이어서 장례식도 치러야 했던 달의 노동 시간은 274시간이었다. 하지만 그 밖의 다른 달은 기본적으로 일주일에 6.5일, 한 달에 400시간 노동 스케줄을 지켜왔다(이 400시간에는 경영이나 행복과 관련된 독서나 연수 시간도 포함된다).

따라서 쓰레기를 줍는 시간을 따로 할애하기 어려웠다.

자투리 시간을 활용하기로 결심하고 길을 걸어서 이동하는 시간을 이용해 쓰레기를 주웠다. '두 가지 이상을 동시에 실행하는 습관'을 활용, 즉 '이동하면서 쓰레기를 주운' 것이다. 걷는 동안 경영 관련 팟캐스트를 들으며 1시간이건 2시간이건 열심히 쓰레기를 주웠다.

유연한 조직을 만드는 '쓰뮤니케이션'

코로나 이전, 우리 회사에서는 '쓰뮤니케이션'(쓰레기 줍기 커뮤니케이션)이라는 행사가 자연발생적으로 만들어졌다.

본사가 있는 군마현 오타시를 비롯해 구마가야시, 후카야시 등 우리가 지점을 낸 지역에서 "사장님이 쓰레기를 주우니까 우리도 한 달에 한 번 정도는 봉사활동으로 쓰레기를 줍자"는 의견이 나온 것이다.

출근 전 30분 정도, 점포 근처나 오타역 등으로 지역을 정하고 쓰레기를 줍는다. 사회에 공헌한다는 의미뿐만 아니라 '커뮤니케이션을 주고받으면서(대화를 나누면서) 즐겁게 쓰레기를 줍자'는 콘셉트로 실행됐다.

그런 '쓰뮤니케이션' 활동을 하는 동안 우리 회사 직원들 중에서도 '쓰레기 줍기의 본질'을 깨달은 사람들이 나타났다. 현재 여덟 명 정도가 거의 매일 자발적으로 쓰레기를 줍는다.

나처럼 외출할 때마다 집게를 들고 길을 걸으며 쓰레기를 줍는 정도는 아니지만 가게에 출근하면 주변의 도로를 한 바퀴 돌면서 길에 떨어진 쓰레기를 주운 뒤에 일을 시작하는 사람이 많다고 한다. 멋진 습관이 지속되는 덕분에 경영자인 나도 자연스럽게 콧대가 높아진다.

덧붙여 나는 지금까지 단 한 번도 쓰레기 줍기를 강요한 적은 없다. 나의 뒤를 이어받은 2대 사장 아라이 히데오 씨가 쓰레기를 주웠다는 이야기도 들은 적이 없다.(웃음)

쓰레기 줍기를 강요하는 행동은 타인의 자유에 대한 개입이다. 과거에는 경영자로서 '좋은 일을 강요하는 것'을 '선'으로 여겼지만 쓰레기 줍기를 지속하다 보니 선악의 가치관이 엷어졌다. 누구든 쓰레기를 줍고 싶으면 줍고, 줍고 싶지 않다면 쓰레기를 주울 필요가 전혀 없다. 각자의 자유니까. 이게 당연하다.

계속 주웠을 뿐인데
유명해지다

회사에서는 내가 쓰레기를 줍는다는 사실을 누구나 잘 안다. 내가 작성하는 일지에 쓰레기 줍기와 관련된 이야기가 자주 등장하니까.(웃음) 그리고 주변에도 내가 쓰레기를 줍는다는 사실이 조금씩 알려지게 됐다. "군마현 오타시 니시혼초 부근에는 쓰레기를 줍는 남자가 있다. 그 사람은 요시카와 학생의 아빠인 듯하다"라고.

집 주변의 쓰레기를 주우면 딸아이 친구들이 버스 차창 밖으로 얼굴을 내밀고 "안녕하세요!"라며 커다란 목소리로 인사를 한다. 또 순찰 중인 순찰차가 지나갈 때면 굳이 확성기를 통해서 "고생 많으십니다!"라고 말을 건넨다. 상점이나 음식점 앞에서도 쓰레기를 줍기 때문에 점원들이 "늘 감사합니다!"라고 인사해 준다. 전에는 커피전문점 코히칸의 주차장에서 쓰레기를 줍는데 어린 점원이 문을 열고 나오다가 나를 보고 깜짝 놀라는 표정을 지었다. 그리고 잠시 후, 내가 자신이 면접을 본 회사의 회장이라는 사실을 깨닫고는 더욱 놀란 표정을 지었다. 그는 우리 회사에 합격해서 얼마 후 출근을 할 예정이었다.

또 언젠가는 근처 음식점 앞에서 쓰레기를 주우면서 별생각 없이 '언젠가 시장을 한번 만나고 싶네'라는 생각이 들었다. 그런데 진짜 지역 명물인 시미즈 마사요시 시장이 눈앞에 나타나 "젊은 분이 대단하시네요. 이곳 주민이십니까? 늘이렇게 쓰레기를 주우십니까? 허, 정말 대단하십니다"라고 칭찬을 해줬다. 그 후, 그의 SNS에 쓰레기를 줍는 나에 관한 내용이 올라왔다.

나의 쓰레기 줍기 일기

나는 2015년부터 지금까지 줄곧 쓰레기를 주워왔다. 한

달이 30일이니까 28.5일은 쓰레기를 줍는다. 그날그날에 따라 차이가 심해서 5개밖에 못 줍는 날도 있고 3000개 이상 줍는 날도 있다.

내가 기록한 평균치를 보면 8년 동안 하루에 약 350개 정도의 쓰레기를 주웠다는 계산이 나온다.

'350개×365일×8년'을 계산하면 약 102만 2000개다. 즉 쓰레기를 100만 개 이상 주웠다. 이것을 나는 내 멋대로 '쓰레기 줍기 밀리어네어'(쓰레기 줍기 100만 개를 달성한 사람)라고 부른다.(웃음)

그렇다면 내가 평소에 어떤 식으로 쓰레기를 주우며 일상을 보내는지 매일 기록하는 일기 중에서 무작위로 몇 개를 골라 소개해 보겠다.

○월 ○일 토요일

오늘은 매달 수록하는 '구조화 회원' 동영상(우리 회사 유료 회원 콘텐츠)을 찍는 날이다. 그 준비로 마인드맵으로 원고를 작성해서 파워포인트 슬라이드를 두 개 만들었다. 이 작업을 근처 코히칸에서 하기 위해 코히칸을 오가는 600여 미터 정도의 거리에서 쓰레기를 주웠다. 여섯 살짜리 셋째가 오후에 '군마 어린이 나라'에 가고 싶다고 해서 쓰레기를 줍는 집게와 디즈니 그림이 그려진 봉투를 들고 아내와 셋이서 군마 어린이 나라로 갔다. 토요일이라 사람들이 많았다. 주차장에서 내린 순간 쓰레기를 발견해서, 집게와 봉투를 들고 쓰레기를 줍기 시작했다. 셋째는 놀이기구에서 노느라 정신이 없고 아내는 딸아이의 사진과 동영상을 촬영해서 인스타그램에 올리느라 정신이 없고 나는 쓰레기를 줍느라 정신이 없고…. 아이를 마음껏 뛰어놀게 하면서 쓰레기를 줍는 식으로 '두 가지 이상 동시 실행'에 성공했다. 정신없이 쓰레기를 줍다 보니 어느 틈엔가 두 사람에게서 300미터 이상 떨어져 있었다. 쓰레기를 줍는 한편 종이비행기를 날리며 노는 아이를 곁눈으로 확인하면서 '(중학생인) 큰애가 어렸을 때는 함께 종이비행기를 날리며 놀았는데…' 하고 기억을 되살려 봤다. 문득 발치를 보니 계절에 어울리지 않는 활짝 핀 민들레가 눈에 들어와 말로 표현할 수 없는 행복한 기분에 젖었다.♪

○월 ○일 목요일
성공한 기업을 견학하는 투어에 참가해 군마현 마에바시시

시로이야 호텔에 머물렀다. 아침 식사는 동행한 사원 두 명과 즐겁게 농담을 주고받으며 가볍게 끝냈다. 투어 집합 장소인 다른 호텔까지 700미터 정도 거리를 집게와 디즈니 쓰레기봉투를 들고 쓰레기를 주웠다. 보도에는 쓰레기가 꽤 떨어져 있었다. 마침 출근 시간이어서 역에서 나오는 회사원이 많았는데 대부분 표정은 밝지 않았다. 나는 콧노래를 흥얼거리고 집게를 흔들며 쓰레기를 주웠다. 도중에 타임스 주차장을 보니 엄청난 쓰레기더미가…. 봉투가 빵빵해질 때까지 쓰레기를 주웠다. 그러자 버스 승차장에서 버스를 기다리던 사람이 말을 걸어왔다. "정말 대단한 분이시네요. 사람들이 이렇게 많이 오가지만 쓰레기를 줍는 사람은 아무도 없어요. 당신뿐이에요." 쓰레기를 줍는 도중의 대화는 낯선 사람과 뜻밖의 만남일 때가 많아 정말 즐겁다.♪ 여느 때 같으면 즐겁게 긴 시간 이야기를 나누겠지만 투어 집합 시간이 가까웠기 때문에 "아닙니다. 취미인데요, 뭘." 하고 웃는 얼굴로 인사했다. 집합 장소인 호텔 입구에 도착해서 잔뜩 빵빵해진 봉투를 쓰레기통에 버렸다.

컨설턴트 회사인 후나이종합연구소의 중진 미우라 고지 씨가 투어 버스를 가득 채운 사람들 앞에서 큰 소리로 나를 칭찬해 줬다.(웃음) 호텔에서 아침 식사를 하다가 내가 쓰레기를 줍는 모습을 창문 너머로 봤다고 했다. 어디서든 지켜보는 사람은 있다.

○월 ○일 수요일

사이타마현에 위치한 '멋진' 회사를 견학하기 위해 오타역 → 구마가야역 → 신린공원역 순서로 버스를 갈아탔다. 마치 영국 컴브리아주의 궁전을 보는 듯한 착각을 일으키는 회사다. 집에서 오타역까지는 자전거를 타고 가서 집게를 들고 역 주변의 쓰레기를 주웠다. 오타역은 늘 쓰레기가 엄청나게 많아서 쓰레기를 줍는 보람이 느껴진다. 버스를 이용해서 구마가야역에 도착하자 갈아 탈 버스가 올 때까지 약 23분 정도의 시간이 남았다. 그 자투리 시간을 이용해 구마가야역 남쪽 출구 주변의 쓰레기를 주웠다. 오타역보다는 깨끗했다. 누군가 쓰레기를 줍는 사람이 있을 수도 있다는 생각에 가슴이 따뜻해졌다. 신린공원역에 도착해서 다시 주변의 쓰레기를 주웠다. 오늘 머무른 세 개의 역 중에서는 오타역 다음으로 쓰레기가 많았다. 머리카락을 묶는 사랑스러운 별 모양의 리본을 주워 몰래 주머니에 넣었다.(웃음) 딸들에게 선물할 생각을 하니 이 또한 가슴이 따뜻해졌다. 전철이나 버스를 기다리는 시간은 쓰레기를 줍기에 알맞은 시간이다. 쓰레기를 주우면서 문득 머릿속에 떠오르는 경영과 관련된 아이디어를 즉시 스마트폰에 음성으로 입력, 에버노트에 열다섯 개 정도를 메모했다.

○월 ○일 토요일
우리 회사가 군마현 오타시의 배구팀 크레인선더스의 스폰서를 담당하기도 해서 가족과 함께 개막식 시합에 초대를 받았다. 오타시 공원에 푸드트럭과 무대가 마련돼 꽤 성황이었다. 사람들이 모이는 곳에는 당연히 쓰레기가 떨어져 있기 때문에 역시 집게를 들고 쓰레기를 주웠다. 아이들은 친구와 함께 푸드트럭들을 돌아다니며 즐겁게 뛰어놀았다. 아내는 치어리더들을 촬영하거나 아이들의 사진을 인스타그램에 올리느라 정신없이 바빴다. 나는 혼자 쓰레기를 주웠다. 배구 선수와 무대 위에 오르는 사람들이 멋져 보였다. 그 뒤쪽에서 조용히 쓰레기를 줍는 사람도 꽤 멋있을 것이라는 생각에 스스로를 칭찬해 봤다.

쓰레기를 줍는 나를 보고 "늘 그렇게 집게를 가지고 다니십니까?"라고 물어보는 사람들이 있다. 나는 "네, 그렇습니다"라고 환하게 미소를 지으며 대답한다. 주변을 걸을 때는 항상 집게와 튼튼하고 예쁜 봉투를 들고 다닌다. 집게도 아름답고 화려한 황금색이다.

더구나 현재 애용하는 네 번째 집게는 우리 회사 직원이 송년회에서 선물해 준 세상에 하나뿐인 소중한 보물이다. 내가 정말 좋아하는 직원인 요시이케 다이스케 씨가 나를 위한 마음을 담아 'M.YOSHIKAWA'라고 각인까지 해줬다. 덧붙여, 내가 인생에서 가장 기뻤던 생일 선물 1위가 이 집게다. 2위는 아내가 준 것인데, 마트에서 물건을 담아올 때 사용한 비닐봉투 50개 모음이었다.(웃음)

쓰레기를 주운 뒤에 전철을 탈 때는 이 집게를 배낭 주머니에 꽂는다. 그런 상태에서 배낭을 짊어지면 집게가 무사의 칼 같아서 꽤 멋있다.(웃음) 그래서 농담으로 '쓰레기를 줍는 무사'라고 표현했는데 유튜브에 '쓰레기를 줍는 무사'가 진짜로 있었다. 그는 쓰레기를 줍는 다양한 기술을 동영상으로 보

여쳤다. 나는 '진짜'는 아니고 '그냥' 쓰레기를 줍는 무사다.

　평소에 길을 걸을 때는 집게와 비닐봉투를 손에 들고 이동한다. 음식점이나 카페에서는 테이블 아래에 집게와 비닐봉투를 내려놓고 식사를 하거나 커피를 마신다. 치과 등 위생상 주의해야 할 장소에서는 우산을 넣는 비닐봉투에 집게를 넣어둔다.

　쓰레기 줍기용 집게를 늘 가지고 다니다 보니 몇 번이나 잃어버렸다. 하지만 묘하게도 그때마다 다시 내게로 돌아온다. 마치 쓰레기 줍기를 담당하는 신이 있는 것처럼.(웃음) 8년 동안 집게를 들고 국내외 1000곳 이상의 장소를 돌아다녔는데 완벽하게 잃어버린 적은 단 한 번도 없다.

자전거를 탈 때는 자전거 뒤쪽 바구니의 작은 구멍에 자전거의 꼬리처럼 집게를 꽂고 이동한다. 물론 자동차로 외출할 때도 집게와 봉투를 싣고 다니다가 자동차에서 내려 도보로 이동할 때 쓰레기를 주우면서 걷는다.

비행기로 이동할 때는 짧은 집게를 가지고 다닌다. 긴 집

자전거로 이동할 때도 쓰레기 줍기♪

게는 기내에 휴대할 수가 없기 때문이다. 짧은 집게는 비닐봉투로 감아 배낭에 꽂으면 휴대하고 기내에 탈 수 있다.

이처럼 이동 중에는 기본적으로 집게와 비닐봉투를 휴대하고 다니며 틈이 날 때마다 쓰레기를 줍는다.

집게를 들고 전국을 돌다 보니

나는 북쪽으로는 홋카이도, 남쪽으로는 오키나와, 미야코지마까지 쓰레기 줍기용 집게를 들고 전국을 돌아다닌다. 전국의 쓰레기 줍기 현황에 관한 두 가지 놀라운 이야기를 전하고 싶다.

첫 번째는 엄청나게 깨끗한 장소다. 나라현 나라시에 갔을 때의 일이다. 지인이 운영하는 회사의 경영계획발표회라는 이벤트에 참가하기 위한 여정이었다. 나라역에서 내려 발표회가 있는 호텔까지 '자, 한번 주워볼까'라고 마음을 다지고 집게를 꺼내 들었다. 그런데 아무리 돌아봐도 쓰레기가 눈에 들어오지 않았다. 그렇게 500미터 정도 걸어간 뒤에야 마침내 담배꽁초 한 개를 발견했다. 100군데 이상의 역에서 쓰레기를 주웠지만 나라역만큼 쓰레기가 없는 곳은 처음이었다. 나중에 들은 이야기로는 나라에서는 천리교라는 종교를 믿는 사람들이 많아서 자발적으로 쓰레기를 줍는다고 한다. 쓰레기를 주워 마을을 깨끗하게 만드는, 마음이 아름다운 사람들이 많다는 사실에 감동을 받았다.

또 한 가지 놀라운 사실은 신오사카역이다. 오사카에서 연수를 받기 위해 예정보다 이른 19시쯤 신오사카역에 도착, 역에서 도보로 8분 정도가 걸리는 비즈니스호텔에 숙박하기 위해 걷기 시작했다. 역에서 내려 '쓰레기를 줍자!'고 생각한 순간, 너무 엄청난 양에 깜짝 놀랐다. 어디까지나 코로나 이전의 신오사카역 이야기다. 도로 옆에 엄청난 수의 담배꽁초가 떨어져 있었다. 쓰레기를 줍는 시간은 통상 10초에 한 개 정도의 페이스지만 이때는 2초에 한 개 정도의 페이스로 주웠다. 이런 때는 집게로 두세 개를 한 번에 집는 기술을 사용한다. 그래도 쓰레기가 줄어들지 않아 쭈그려 앉아서 맨손으로 줍기도 했다. 역에서 도보로 불과 8분 정도 거리의 숙소에 도착한 것은 1시간 30분 후다. 두 손에 든 커다란 봉투 세 개는 모두 빵빵해진 상태였다. 더 이상 쓰레기는 들어가지 않고 그대로 들고 다니기도 힘들어서 도중에 멈추고 말았다. 그리고 다음 날 아침, 마음이 개운하지 않아 나머지 쓰레기를 주우러 나간 기억이 있다.(웃음) 쓰레기가 많다는 것은 활기가 넘친다는 증거다. 쓰레기를 줍는 사람의 입장에서 보면 성지다. 당시의 신오사카역은 내게 그야말로 성지였다.(웃음)

무엇 때문에 쓰레기를 줍는가?

좋은 뜻에서 쓰레기를 줍는 훌륭한 사람이 있다. 그런 사람은 신오사카역 주변에 쓰레기가 떨어진 모습을 보면 '이게 뭐야, 이건 현대인의 마음을 비추는 거울이야. 이대로 가면 우리 사회는 끝이야'라고 울분을 느낄 것이다.

한편 나는 쓰레기를 보면 '좋았어. 내가 나설 상황이야!'라는 생각에 기분이 좋아진다. 물론 신오사카역 주변은 쓰레기 양이 너무 많기는 하지만.(웃음)

나는 세상에 공헌하기 위해, 타인에게 도움이 되기 위해 쓰레기를 줍는 것이 아니다. '마을을 깨끗하고 아름답게, 쓰레기가 없는 세상을 만들자'라는 생각에 쓰레기를 줍는 것도 아니다. 또 선악의 기준을 내세워 쓰레기를 주우면 착한 사람이고 쓰레기를 버리면 나쁜 사람이라고 생각해서 쓰레기를 줍는 것도 아니다.

나는 나를 위해 쓰레기를 줍는다. 단지 즐겁고 좋은 기분을 유지하기 위해 쓰레기를 줍는다. 그리고 쓰레기를 줍다가 중요한 아이디어가 번뜩이거나 콧노래가 나오거나 오직 쓰레기를 줍는 데만 집중하면 결과적으로 기분이 좋아지기 때문에 쓰레기를 줍는다. 더구나 운동도 되기 때문에 일석삼조 아니 일석십조, 정확하게 헤아린다면 일석구십팔조나 된다.

사장 연봉 14년 동결

주식회사 프리마베라는 내가 스물네 살 때 도네서점으로 시작했다. 지역의 현립 오타고등학교에서 요코하마국립대학으로 진학했고 졸업을 한 뒤에는 마트 생선가게에서 일했다. 그 후 중고서적에서 아르바이트 경험을 쌓은 뒤에 그를 바탕으로 창업한 것이 도네서점이다. 중고 만화책과 비디오의 조합으로 조금 새롭고 밝은 분위기의 가게를 만들었다.

개업 당시에는 나 혼자 가게 영업을 담당했다. 아침 10시부터 새벽 2시까지 일했고, 저녁에 두 시간만 식사와 잠깐의 휴식을 취하기 위해 아버지가 맡아주셨다. 그 노력 덕분인지 가게를 연 지 반년 만에 편의점 정도 크기인 가게의 월 매출이 1000만 엔을 넘었고, 한 달에 영업이익이 530만 엔이 나오는 고수익 가게가 됐다. 도네서점을 3호점까지 냈을 때 나는 스물여섯 살이라는 어린 나이에 부자 대열에 이름을 올리게 됐다. 나와 아버지는 연봉이 각각 5000만 엔, 즉 둘이 합하면 연봉 1억 엔이었다. 당시 인구 1만 5000명의 작은 지역인 닛타군 오지마마치(현 오타시)에서 두 번째로 많은 세금을 납부하는 사람이 됐다.

당시와 비교하면 현재는 회사 전체적으로 약 여섯 배 정도의 영업이익을 낸다. 하지만 나의 연봉은 당시의 절반 이하다. 회사 실적이 올라가도 내 연봉은 14년 동안 한 번도 올리지 않았다. 그 액수는 직원들의 연봉에 추가했다. 지금은 정사원뿐 아니라 계약직이나 아르바이트생 등 모두가 1년에 세 차례 상여금을 받는 회사가 됐다. 그런 대로 좋은 사장, 훌륭한 사장을 연기해 온 것이다. 어쨌든 그 결과 직원들에게 절대적인 신용을 얻었다.(웃음)

사람들 대부분은 집합의식을 바탕으로 '청빈은 멋져'라

고 생각하기 때문에 이런 미담은 끝없이 나온다. 셀프 매니지먼트를 하는 약간의 비결이다.(웃음) 덧붙여 같은 업종에서 우리 회사 정도 규모의 이익이 나오면 사장은 일반적으로 1억 엔이 넘는 보수를 받는다고 들었다. 그렇기 때문에 나는 '추정 연봉 1억 엔, 실질 연봉은 4분의 1 이하'인 '좋은 사장'이라고 뿌듯해한 적도 있다.(웃음)

쓰레기를 줍는 동안 회사가 이룬 성과

세 번째 가게 이후에도 계속 사업을 확대했다. 다양한 사건사고와 경영 실패 등을 경험했지만 매상은 창업 당시부터 지금까지 줄곧 순조롭게 상승해 25년 동안 연속 증가하는 기록을 갱신했다. 2005년부터 비디오 판매 시장이 줄어들 것을 예측하고 중고의류 시장에 참가해 '두 개를 사면 세 개 째는 공짜'라는 뜻의 니코카우 산코메타다 등 특징 있는 중고의류 상점과 귀금속이나 브랜드 가방의 매수와 판매를 하는 골디즈라는 가게도 만들었다. 2015년 내가 쓰레기를 줍기 시작했을 무렵에는 접골원 업계에도 발을 뻗었다.

또 2012년부터 경영자를 대상으로 하는 세미나에서 에 버노트 사용 방법을 전하는 강사 일도 시작했다. '경영지원' 이라는 이름으로 전국의 중소기업을 대상으로 구조화 경영 노하우 동영상을 판매하거나 컨설팅을 하거나 '일지혁명', '온라인 경영계획서'라는 소프트웨어도 판매한다.

2022년 현재 미디어, 재활용품, 접골원, 경영지원 등 4개 사업부 17개 업종 51개 점포를 운영하며 직원 수는 총 390여 명이다. 가장 가까운 결산에서는 모두 합쳐 47억 엔 규모의 사업이 됐다.

현재는 군마현 사이타마 북부를 중심으로 도치키, 나가 노, 이바라키, 후쿠시마 등 6개 현에서 가게를 운영한다. 또 아마존이나 옥션, 라쿠텐, 자사 사이트 등 온라인에서 DVD나 중고의류를 판매 및 매수한다. 덕분에 최근 13년 연속으로 매 출 영업이익이 증가했다.

13년 연속 매출과 영업이익 증가는 매우 어려운 일이어 서 상장기업이라고 해도 3759개 회사 중에서 11개 사만 해당 하는 좁은 문이다. 그리고 11년 연속으로 과거 최고이익을 갱 신했다.

DVD 판매 시장은 매년 줄어드는 쇠퇴시장이다. 동업자들은 그런 쇠퇴시장에서 어떻게 이런 실적을 거둘 수 있냐고 놀라워한다. 또 '매출과 영업이익을 꾸준히 증가시키는' 구조를 알고 싶다는 이유로 전국에서 수많은 경영자들이 우리 회사로 견학을 왔다.

코로나 이전에는 매년 7월에 군마현 오타시의 결혼식장을 빌려 경영기획 발표회를 개최했다. 고맙게도 5만 엔 정도의 참가 금액을 받는데도 매년 80개 정도의 회사에서 견학을 와줬다. 발표회에 참가하면 자칭 '구조화 국내 제일'인 우리 회사의 경영계획서를 손에 넣을 수 있기 때문이다.

쓰레기 줍는 48세 회장님

한편 나 자신은 창업 이후 24년 동안 회사의 대표이사로 일하다가 2022년 1월에 아라이 히데오 씨에게 자리를 넘겼다. 그리고 회장이 돼 48세의 나이에 '세미리타이어(Semi-Retirement)'를 한 상태다. 곧 더 많은 권한을 내려놓고 앞으로는 오너 창업자로서 그늘에서 아라이 히데오 사장 체제를 지원할 생각이다. 그렇기 때문에 현재는 은퇴 이후에 어떻게 행복한 삶을 보낼지 연구 중이다.

내가 지금 하는 일은 세 가지다. 매일 우리 회사 직원들의 일지를 읽으면서 혁신적인 경영 아이디어나 구조화를 생각한 뒤에 히데오 씨를 비롯한 사업부 관리자 여섯 명에게 조언을 보내는 것이 첫 번째로 하는 일이다. 덧붙여 아이디어를 생각해 내는 데 가장 적합한 방법은 쓰레기 줍기다.♪ 쓰레기를 주우면 집중하기 쉽고 아이디어가 '자연스럽게' 떠오른다.

두 번째로는 경영자 대상으로 세미나를 개최하는 일이다. 세미나를 위해 슬라이드를 만들거나 책을 쓰거나 직접 강연을 하기도 한다. 한 편에 10만 엔 이상 하는 '성과를 낼 수 있는 경영계획서 작성 DVD'나 '에버노트 경영학원 시리즈' 등 경영 세미나 시리즈를 50편 이상 라인업하여 판매한다. 가장 비싼 세미나는 '실천경영학원'으로 나흘 동안 운영하고, 한 회사당 수강료가 세금을 포함해서 176만 엔이다.

세 번째는 또다른 강사 일이다. 주식회사 무사시노의 고야마 노보루 사장님에게 사사를 받고 2008년부터 그분 아래에서 공부하는 전국의 중소기업 750개 사의 경영계획을 점검하는 강사로 일한다.

우리 회사의 '현지견학회'나 '점장회의 시찰 투어' 등에도 많은 회사들이 참가한다. 지금까지 누계 300개 이상의 회사가 접근하기 불편한 군마현 오타시까지 찾아와 참가해 줬다. 현지견학회를 개최하면 우선 프리마베라 가게의 현장 구조를 보고 깜짝 놀란다. "이렇게까지 정리정돈이 철저하다니!"라거나 "이렇게까지 업무가 체계화돼 있다니!"라는 식으로 다양한 칭찬을 해준다. 보통의 소매업 견학이라면 매장만 보여주는 투어가 대부분이지만 우리는 매장은 물론이고 카운터 내부까지 모두 공개한다. 이것이 인기를 얻은 비결 중 하나다.

그리고 본사로 안내하면 이번에는 컴퓨터 내부 자료까지 전부 보여준다. 이렇게까지 오픈하는 회사는 나도 지금까지 한 번도 본 적이 없다.(웃음) 어쨌든 이런 식으로 디지털화 구조나 구조화 경영과 관련된 수많은 콘텐츠들을 보여주면 다시 한번 깜짝 놀란다.

현지견학회가 끝나면 참가자들과 간담회를 갖는다. 간담회에서는 간단하게 음료를 마시며 질의응답이나 경영 상담 등을 하느라 이야기꽃을 피운다.

간담회장이 있는 사이타마현 구마가야역의 이자카야 부근에 참가자를 태운 버스가 도착하면 그곳에서 200미터 정도 걸어서 간담회장으로 가야 한다. 나는 당연히 집게와 쓰레기봉투를 꺼내 주변의 쓰레기를 주우면서 간담회장으로 향한다. 그 모습을 보고 견학을 온 경영자와 임원들은 깜짝 놀란다.

"오늘은 프리마베라의 가게를 보고 깜짝 놀랐습니다. 그런데 본사에 가보고 더 놀랐습니다. 하지만 가장 놀라운 것은 사장님이 쓰레기를 줍는 모습이었습니다"라고 말해 준다. "사진 좀 찍어도 되겠습니까?"라는 요구에 응하면 페이스북 등에 내가 쓰레기를 줍는 사진을 올려놓고 칭찬하는 사람도 있다.

습관 딱 하나로
인생을 바꿀 수 있다면!

경영자가 해야 하는 중요한 일 중 하나는 사원 교육이다. 경영을 열심히 하는 사장일수록 교육에 진지하다. 그런 사람은 실적을 올리는 것뿐 아니라 자기계발에도 열성을 보인다. 심리교육에 빠진 경영자도 많이 있다. 쓰레기 줍기는 그 '심리교육'에 해당한다.

"그 집게 어디에서 사셨습니까? 저도 빨리 구입하고 싶습니다"라고 말하는 사람도 있다. "쓰레기를 줍기 시작한 계기는 무엇입니까?"라는 질문은 벌써 100번 이상이나 들었다.

어쨌든 경영자나 교육자는 '쓰레기 줍기' 같은 행위를 좋아한다. 그들에게는 '쓰레기 줍기(처럼 세상을 위해, 타인을 위해 공헌하는 것)는 좋은 행위'라는 도덕관이 다른 사람보다 훨씬 더 많이 각인돼 있다.

또 '매사 철저'라는 사고방식도 강하게 각인돼 있다. 누구나 할 수 있는 평범한 것을 다른 사람들이 볼 때 이상하다고 생각할 정도로 철저하게 실행하는 사람이야말로 진짜라고 여긴다. 그렇기 때문에 어디에서든 자연스럽게 쓰레기를 줍는 나를 보고 많은 사람들이 감명을 받은 것이라고 생각한다.

오랜 시간 경영자로 일하며 깨달은 것이 있다. 최고의 사원 교육은 결국 사장 자신이 바뀌는 것이다. 사장이 바뀐 모습을 보여주고 그 자체로 직원들을 감화시키는 게 가장 좋은 사원 교육이다. 직원들은 '사장이 하는 말과 하는 행동이 일치하는가'를 확실하게 지켜본다. 언행이 일치하지 않으면 사장이 아무리 미사여구를 늘어놔도 신뢰하지 않는다. 사장이 직원들에게 신뢰를 얻는 데 쓰레기 줍기는 매우 효과적인 수단이다.

계속 강조하는 말이지만 사람을 바꾸려면 '사물을 보는 견해, 사고방식'을 바꿔야 하고 '습관'을 바꿔야 한다. 사물을 보는 견해와 사고방식을 다른 말로 표현하면 '마음'이다. 즉 마음을 바꿔야 한다. 하지만 그저 마음이라고 하면 애매모호하다. 마음은 '사물과 사건을 포착하는 사고방식'이라고 정의하면 이해하기 쉽다.

한편 습관은 행동의 연속이다. 이것은 '형태'다. 즉 마음과 형태를 바꾸면 인격이 바뀐다.

마음과 형태 중 어느 쪽을 바꾸는 것이 더 어려울까. 나는 나 자신의 마음을 바꾸기 위해 수많은 습관을 도입해 봤다. 독서도 중요하다. 세미나를 듣는 것도 중요하다. 명언을 매일 읽는 것도 중요하다. 그러나 사물을 보는 견해, 사고방식이라는 마음을 바꾸는 것은 쉽지 않다.

좀 더 간단히 마음을 바꾸려면 어떻게 해야 좋을까?

"형태로 들어가 마음에 이른다"는 말이 있다.

나는 실무자 교육에서 이 말을 자주 한다. 그러면서 "정리정돈이라는 '형태'를 갖추면 '마음'이 흐트러지지 않는다"

고 설명한다. 사실 실무교육에서는 마음을 바꾸는 것보다 형태를 바꾸는 쪽이 빠르다. 우리 사회인의 생활은 실무 그 자체다. 그렇기 때문에 마음을 바꾸고 싶으면 형태인 행동을 바꿔야 한다. 하지만 행동만으로는 일과성으로 끝나기 쉽기 때문에 습관화해야 한다. 그 습관 중에 가장 갖추기 쉬운 것이 바로 쓰레기 줍기다.

기분이 좋아지기 때문에 줍는다

우리 회사에서는 매년 연말에 '인생이 설레고 가슴 뛰는 즐거운 연수'라는 마음 연수를 실행한다. 나는 경영자로서 직원들의 연봉이 지속적으로 올라 보람을 느낄 수 있는 직장을 만드는 것을 가장 큰 목적으로 삼았다. 직원들의 물심양면 행복을 추구하는 것이다.

하지만 '사물을 보는 견해, 사고방식'이 일그러진 사람은 어떤 일이 있어도 '행복을 느끼기 어려운' 현상이 발생한다.

예를 들어 피해의식을 가지기 쉬운 사람이 있다고 하자. 심리학으로 설명하자면 가장 행복해지기 어려운 전형적인 패턴이다. 우리는 사내에서 공통의 언어로 빅텀 마인드(Victim Mind)라고 부른다. 피해의식이 강한 사람들에게 "정말로 그래도 괜찮은가?", "이래도? 이래도?"라고 구체적인 예를 제시하여 '사물을 보는 견해, 사고방식'을 근본적으로 바꿔야 할 필요성을 전한다. 그 결과 이 연수에서 '인생이 바뀌었다!'고 말해 주는 직원이나 타사의 사장 또는 임원들이 속출했다. "이 연수를 받은 덕분에 현재의 내가 존재합니다"라고 말해 주는 사람도 있을 정도다.

이 연수에서는 근본적으로 '행복이란 무엇인가?' 하는 문제와 행복해지는 사물을 보는 견해, 사고방식, 습관을 수없이 전달한다.

사물을 보는 견해, 사고방식으로 말하면 플러스 발상 등의 중요성을 전한다.

습관으로 말한다면 건강해지는 습관, 마음을 정돈하는 습관, 환경을 정비하는 습관 등을 이야기한다. 그리고 그 습관 중에서 지금까지 나의 마음을 바꾸는 효과가 가장 컸던 것이 바로 쓰레기 줍기다.

쓰레기를 줍는 행위는 행동을 바꾼다. 즉 형태가 바뀐다. 행동을 지속하면 습관이 바뀐다. 그렇게 되면 쓰레기를 줍는다는 '형태'에서 기분이 좋아지기 쉬운 사고방식, 즉 '마음'이 바뀌는 것이다.

쓰레기 줍기의 효용은 끝이 없다. 2장에서 소개할 열두 가지 쓰레기 줍기 매직을 포함해 실제로 아흔여덟 가지나 발견했다.(웃음) 이 책에 모두 적지 못한 내용들은 나의 블로그 등에서 소개하는데 그중 몇 가지를 발췌해 보자.

쓰레기를 주우면 이타적으로 바뀐다.

쓰레기를 주우면 지속력이 증가한다.

쓰레기를 주우면 아이디어가 잘 떠오른다.

쓰레기를 주우면 만족을 알게 된다.

쓰레기를 주우면 집중하기 쉽다.

쓰레기를 주우면 마음의 부자가 된다.

쓰레기를 주우면 생활이 단순해진다.

쓰레기를 주우면 사회에 공헌할 수 있다.

쓰레기를 주우면 이웃 사람들에게 감사를 받는다.

쓰레기를 주우면 겸손해진다.

…

광적으로 습관화를 중시하는 나는 수많은 습관을 실천해 왔다. 그중에 쓰레기 줍기는 인생을 바꾸는 가장 강력한 습관이다. 단적으로 말하면 쓰레기를 주우면, 아니 지속하면, 인생에 마법이 걸린다. 그리고 이 마법에 걸리면 걸릴수록 인생이 즐거워지고 기분이 좋아진다. 쓰레기 줍기의 가장 큰 마법은 기분이 좋아지는 것이다.

이 책은 쓰레기 줍기를 하는 사람들을 철저하게 분석한 책이 아니다. 즉 증거가 나 이외에는 없다.(웃음) 쓰레기 줍기를 좋은 기분과 연결해서 나만큼 연구한 사람은 아마 없을 것이기 때문에 연구대상이 적다. 나는 8년 동안 쓰레기를 주우면서 쓰레기 줍기에 관해서 깨달은 수천 가지 내용을 에버노트라는 메모 어플리케이션에 저장해 두었다. 그 메모를 정리해서 진수를 소개한 것이 이 책이다.

출판사에서는 '쓰레기를 주우면 성공하는 이유'라는 그야말로 잘 팔릴 것 같은 제목을 제안해 줬다. 하지만 나는 거절했다. 쓰레기 줍기와 경제적 성공은 직접적인 인과관계가 없기 때문이다. 독자 여러분에게 과장 없이 있는 그대로 전달하고 싶었다.

나는 분명하게 '쓰레기 줍기 매직'에 걸렸다. 그 이유를 지금부터 소개하려고 한다.

쓰레기 줍기 매직의 세계로 들어가 보자!

2

운과 돈을 부르는
기분 좋은 줍기의 힘

다른 사람의 시선에
신경 쓰지 않는다

군마현 오타역 부근에 어머니가 사시는 집이 있고 그 근처에 돈키호테라는 할인매장이 있다. 돈키호테 주변은 늘 쓰레기가 넘친다.(웃음) 종류도 다양하다. 그만큼 고객들이 많다는 증거다. ♪ 가게 주변의 쓰레기를 줍다 보면 고객층이나 가게의 문제점을 깨닫는 부차적인 효과도 얻을 수 있다. 나도 소매업 경영자이기 때문에 쓰레기를 주우면서 '이 가게는 주차장의 청소 루틴이 제대로 갖춰지지 않았나 봐'라는 식으로 가설을 세우고 가게의 상황을 상상해 본다.(웃음)

한편 돈키호테 주변에서 쓰레기를 줍기 시작하면 끝이 없다. 쓰레기가 너무 많아 아무리 주워도 끝나지 않는다. 특히 담배꽁초가 많다. 사람들이 무리를 지어 담배를 피운 것인지 한 장소에 담배꽁초가 70개나 떨어져 있을 때도 있다.

어느 날엔 정신없이 담배꽁초를 줍다가 쇼핑을 끝내고 나오는 어머니와 맞닥뜨린 적이 있다. 어머니는 나를 보자마자 "세상에! 길에서 쓰레기를 줍다니. 정말 착하구나. 그래, 내 자식이니까 당연하지"라고 칭찬을 해주셨다. 하지만 바로 그 직후 "그렇지만 너는 회사 사장이야. 이런 일은 하지 않았으면 좋겠다"라고 말을 이었다. 나는 "네. 알겠어요!"라고 큰 소리로 대답만 하고 쓰레기 줍기를 계속했다.(웃음)

덧붙여 대학을 졸업하고 지방의 마트에 입사하여 생선 판매를 담당하게 됐을 때도 어머니는 "국립대학까지 졸업했는데 생선가게에서 일하다니, 정말 죽고 싶다"라고 한숨을 내쉬었다. 하지만 동기들처럼 은행원이나 공무원이 됐다면 이렇게 재미있는, 지금처럼 '창업을 해서 사업을 키우다 쓰레기 줍기에 빠진' 행복한 내 인생은 없었을 것이다.(웃음)

내가 사는 집 근처에 교통량이 많은 '현도 2호선'이라는 도로가 있다. 이 도로가 나의 쓰레기 줍기 메인 스트리트다.(웃음) '내가 돌아다니면 마을이 깨끗해진다'는 생각으로 집게와 디즈니랜드 봉투를 들고 현도 2호선 주변의 쓰레기를 줍는 것이 나의 일상이다.

나를 위해 줍는다

쓰레기를 줍다 보면 가끔 지나가는 자동차에서 딸아이 친구들이 말을 걸어온다.

"안녕하세요! 아저씨!"

"아저씨, 안녕하세요!"

오타시에서 쓰레기 줍기용 집게를 항상 휴대하고 다니는 사람은 현재 나밖에 없기 때문에 멀리서도 즉시 나를 알아볼 수 있는 듯하다.

어느 날은 첫째의 친구들이 학교에서 집으로 돌아가는 길에 쓰레기를 줍느라 정신이 없는 나를 발견하고 말을 걸어왔다.

"아저씨, 뭐 하세요?"

"응. 쓰레기 주워. 아저씨는 쓰레기 줍는 게 재미있어."

그러자 아이는 "그렇게 큰 집에 살면서 이런 일을 해요?" 하고 놀란 토끼처럼 눈을 동그랗게 뜨고 떠나갔다. 아마 집에 가서 이런 이야기를 나누지 않았을까?

"오늘 요시카와 아저씨를 만났는데 쓰레기를 줍고 계셨어."

"아, 그 아저씨? 약간 특이하다고 유명하잖아."

나는 '특이하다'는 말을 자주 듣는다. 실제로는 '이상한 사람' 취급을 받는다.(웃음) 아내는 "특이한 게 아니라 정신이 이상한 거야"라고 말한다. 나는 '특이한 사람'으로 불리건 '이상한 사람'으로 불리건 '쓰레기를 줍는 훌륭한 사람'으로 불리건 신경 쓰지 않는다. 그러나 쓰레기를 줍기 시작한 초창기에는 사람들의 시선을 꽤 의식했다.

아내는 "큰애가 아빠가 쓰레기를 줍는 모습이 부끄럽대. 그러니까 그만두면 안 될까?"라고 말한 적이 있다.

그래서 나도 반성을 하고 '쓰레기를 주울 때의 복장에는 신경을 써야겠다'고 생각했다. 당시에는 선명한 파란색 코트를 입어서 멀리에서 봐도 매우 눈에 띄었기 때문이다. 그래도 포기하지 않고 8년 동안 계속 쓰레기를 주웠다.

덧붙여 내가 쓰레기 줍기를 시작하고 8년 동안, 아내는 우리 집 앞 이외의 장소에서는 담배꽁초 하나조차 주운 적이 없다. 나와 함께 있으면 창피하니 오기로라도 쓰레기는 줍지 않겠다고 결심한 듯하다. 매우 상식적인 사람다운 판단이다.(웃음) 어쨌든 아내의 자유로운 판단에 개입하고 싶지 않기 때문에 이 부분에 관해서는 전혀 이야기하지 않는다.

쓰레기를 줍는 궁극적인 목적은 내 기분을 좋게 만드는 것이다. 쓰레기를 줍다 보면 어느 틈엔가 집중 상태에 접어든다. 다른 사람의 시선에 신경 쓰지 않게 되면서 쓰레기와 대화를 나누고, 나 자신과 대화를 나누는 식으로 쓰레기에만 집중하게 된다. 이 시간이 그 무엇과도 바꿀 수 없는 정말 귀중한 시간이다.

우리는 마음을 진정시키고 자기 자신과 대화를 나누는 시간을 하루에 어느 정도나 마련해 두었을까. 주변 사람들에게 물어보면 대부분 제로다. 쓰레기 줍기 시간은 자신과의 대화, 자신의 본심과 대화를 하는 절호의 시간이기도 하다.

나의 축을 찾는다

군마현 오타시에 미나미1번가라는 유명한 유흥가가 있다. 당연히 담배꽁초나 맥주캔 등이 엄청나게 나뒹군다. 하지만 유흥가의 사장님들은 가게 앞의 쓰레기를 제대로 청소하지 않기 때문에 쓰레기 줍기를 좋아하는 내게는 유흥가도 정말 마음에 드는 구역이다.(웃음)

나도 코로나 이전에는 일 때문에 고객이나 직원 등과 그 지역에서 자주 술잔을 기울였다. 그때도 술도 깰 겸 집게와 쓰레기봉투를 들고 쓰레기를 주웠다. 그러면 호객꾼이 "어이, 뭐 하는 거야? 나쁜 짓을 많이 해서 속죄하는 거야?"라고 집적대곤 했다.(웃음) 때로는 "거리의 쓰레기를 줍다니, 위선자가 따로 없어"라고 비난하기도 했다. 그럴 때 나는 "네, 맞습니다♪"라고 기분 좋게 대답했다. 그러고는 그 호객꾼이 피웠을 것으로 보이는 담배꽁초를 디즈니랜드 비닐봉투에 휙 던져 넣고 힘차게 걸음을 옮겼다.♪

우리는 항상 다른 사람의 시선에 노출된다. 그렇기 때문에 본인의 축을 확실하게 갖추지 않으면 자기도 모르게 타인의 축을 중심으로, 타인의 시선에 신경을 쓰며 살게 된다.

본인의 축은 어떻게 해야 갖출 수 있을까. 당연히 자신의 사고, '사물을 보는 견해, 사고방식'을 바꿔야 한다. 그리고 앞에서 설명했듯 자신을 바꾸려면 '형태'인 행동부터 바꾸는 쪽이 쉽고 편하다.

바뀐 행동을 지속할 수 있도록 습관을 바꾸면 사고방식이 바뀌고 본인의 축을 갖추게 된다. 쓰레기 줍기 습관을 지속하면 자연스럽게 다른 사람의 시선에서 자유로워지고 '본인의 축'이라는 멋진 선물을 받게 된다. ♪

'타인의 축'은 자신의 심리 상태를 다른 사람에게 평가해 달라고 맡기는 생활방식이다. 즉 자신의 행복이 타인의 판단에 달렸다. 타인이 칭찬하면 행복하고 타인이 비방하면 불행해진다. 결과적으로 행복에 관해서 도박을 하는 것 같은 인생을 보내게 된다.

'본인의 축'은 본인의 심리 상태를 스스로 평가하는 생활방식이다. 다른 사람이 무슨 말을 하건 어떤 시선으로 보건, 본인이 즐겁고 행복하다고 생각하는 것을 자신의 페이스에 맞춰 즐겁게 실행하면 기분을 좋게 만들 수 있다. 행복을 타인에게 의존하지 않고 스스로 만드는 것, 이것이 자기다운 삶 아닐까? '여는 글'에서 소개한 '좋은 사람이 되라'는 그야말로 타인의 축으로 살아가는 전형적인 예다. '다른 사람이 볼 때 좋은 일', '일반적인 선행'이라는 도덕관에 바탕을 두고 살아가는 것이니까.

인간의 행복을 생각할 때 효과적인 사고방식 중 하나는

눈을 감는 순간부터 거꾸로 생각해 보는 방법이다. 사람이 죽을 때 가장 크게 후회하는 것은 무엇일까. 통계를 보면 그것은 '자기답게 살지 않았다'이다. 그렇다면 지금부터 당장 본인의 축을 갖추고 자기답게 살 수 있는 방향으로 벡터를 맞추면 어떨까. 그렇게 하면 인생이 즐거워지고 자신의 손으로 직접 키를 조종해 행복을 향할 수 있다.

내가 좋으면 된다

내가 사용하는 장갑은 한쪽은 아이들이 사용하던 것이고 또 한쪽은 쓰레기를 줍다가 주운 '짝짝이'다. 나는 군마현에서 중고의류를 가장 많이 매입하는 회사의 경영자다. 연간 250만 개의 중고의류를 매입한다. 장갑은 물론이고 모든 종류의 의류, 수십만 엔짜리 가방이나 수백만 엔짜리 운동화 등을 취급한다. 그래도 굳이 쓰레기를 줍다가 주운 장갑을 사용한다.

아내는 "창피해. 제발 부탁이니까 그런 모습으로 내 친구들 앞에는 나오지 마"라고 말한다. 아내는 타인의 축을 기조로 삼아 살아가는 상식적인 사람이다.(웃음) 하지만 내가 짝짝이 장갑 모습으로 나타나면 아내의 친구들은 밝게 웃어준다. 때로는 "장갑이 귀엽네요"라고 칭찬을 해주는 사람도 있다. '짝짝이' 장갑은 지금 내가 세상에서 가장 좋아하는 물건이다. 내 마음에 드는 장갑을 아내는 보기 흉하다고 하니까 왠지 모르게 반항심이 들어서 이 장갑들을 감싸줘야겠다는 생각이 든 것일지도 모른다. 어쨌든 이것도 나의 축이다. 다른 사람이 보면 부끄럽고 창피한 모습이라 하더라도 내가 좋으면 되는 것이다. ♪ 인생은 순식간에 끝나버리니까.(웃음)

만약 "그 모습 창피해!", "쓰레기를 줍다니 그게 뭐야!"라는 말을 듣는다면 영어로 "So what?"(그래서 뭐?)이라고 반문하자. 본인의 축을 중심으로 삼는 이쪽의 에너지가 확실하면 상대방은 그 후에 아무 말도 하지 못한다. 대립각을 세우는 에너지가 아니라 '나는 나'라는 자기표현 에너지를 기조로 말하면 된다. 이것이 내가 '본인의 축'으로 살아가면서 발견한 가장 강력한 말버릇이다. ♪

나는 습관화 전문가다. 가장 간단히 마음을 바꾸는 습관은 '말버릇을 바꾸는 것'이다.

나는 어머니의 허세를 위해 살 생각도, 이상한 사람이라는 말을 듣지 않기 위해 살 생각도, 사춘기인 큰애의 지나친 자의식을 위해 살 생각도, 사람들의 놀림을 피해 살 생각도, 아내의 생각에 맞춰 살 생각도 없다.

나는 오직 내 기분을 좋게 유지하기 위해 산다.

그리고 내가 기분이 좋으면 주변 사람들에게 원망도 간섭도 오기도 부릴 필요가 없어진다. 즉 타인의 인생을 존중하며 살게 된다. 결과적으로 주변 사람들을 행복하게 만들어 줄 수 있다.

타인의 시선에 신경을 쓰면서 자신을 억제하고 타인의 언행을 심판하다가 후회하며 죽어가는 인생과, 본인의 축으로 살면서 좋은 기분을 유지하고 다른 사람에게 간섭하지 않으면서 그 사람 자체를 존중하는 인생. 여러분이라면 어느 쪽을 선택하겠는가.

쓰레기 줍기를 지속하면 나의 축으로 살게 되고 좋은 기분을 유지할 수 있으며 타인을 존중하는 삶을 살아갈 수가 있다. 여러분도 그런 가능성에 걸어보고 싶지 않은가.

모든 것을 자연스럽게
받아들인다

일반적으로 쓰레기는 더러운 것, 피해야 하는 것이다. 코로나 이후에는 그렇게 생각하는 풍조가 더욱 강해졌다.

코로나 초기에 둘째와 함께 쓰레기를 주우면서 아이의 학원까지 간 적이 있다. 아이가 마침 길가에서 마스크를 주웠다. 학원에 도착해서 칭찬받으려는 생각에 선생님에게 "쓰레기를 주웠는데 여기에 버려도 되나요?"라고 물었다. 그러자 "아, 그래. 착한 일을 했구나. 하지만 다음부터는 학원으로 가지고 오면 안 된다"는 말을 들었다고 한다.

선생님의 마음은 충분히 이해한다. '마스크에 만약 코로나 바이러스가 묻어 있으면…' 하고 걱정했을 것이다. 코로나의 공포에 전 국민이 두려움을 느끼던 시기였기 때문에 그렇게 생각하는 것이 일반적인 상황이었다. 물론 '모처럼 아이가 착한 일을 했는데 교육자가 굳이 그렇게 말을 할 필요가 있을까?' 하는 서운한 마음이 들기는 했다.

어쨌든 나도 코로나의 정체를 정확하게 몰랐을 때는 마스크를 줍는 행위가 기분 나쁠 수도 있다고 생각했다. 지금은 태연하게 줍는다.(웃음) 마스크는 코로나가 물러난 이후에도 꺼림직해선지 줍는 사람이 거의 없기 때문에 '오호, 이건 내가 나설 차례야'라는 생각으로 기꺼이 줍는다. ♪

얼마 전에는 반경 7미터의 교차로에 마스크만 네 개가 멋지게 떨어져 있었다. 누군가가 쓰레기를 주웠는데 마스크는 찝찝하니까 그것만 남겨놓은 듯했다. 마스크는 묘하게 손대기 싫은 쓰레기인 것 같다. 하지만 마스크는 쓰레기 중에서도 비교적 큰 것, 이른바 '대물'이기 때문에 담배꽁초 등과 비교할 때 줍는 보람이 훨씬 크다.(웃음)

나는 이렇게 '더러운 느낌을 주는 물건'을 주우면 마음이 깨끗해진다고 생각한다.

마음이 깨끗해지는 과정은 이렇다. 남들이 만지기 싫어할 정도로 더러운 물건을 주우면 '나는 대단하다!'는 자기긍정감이 높아지고 스스로를 사랑하게 되면서 착한 일을 했다는 생각에 마음이 가벼워지고 기분이 좋아진다. 이것이 마음이 깨끗해지는 과정이다.

마음이 깨끗하다는 것은 '상쾌하다, 마음이 가볍다, 기분이 좋다'라는 뜻이다. 쓰레기 줍기로 마음을 가볍고 상쾌하게 만들 수 있다.

더러움은 마음에서 온다

나는 일상적으로 쓰레기들과 사이좋게 지내기 때문에 더러운 것을 봐도 그다지 더럽다고 생각하지 않게 됐다.

내가 정말 좋아하는 4인조 록밴드 미스터 칠드런의 밀리언 히트곡 〈이름 없는 노래〉의 가사 중에 이런 내용이 있다.

"어느 정도 더러운 것이라면 남기지 않고 모두 먹어버릴 거야."

정말 그런 기분이 든다.

덧붙여 내가 가장 좋아하는 음식은 아이들이 먹다 남긴 잔반이다. 그리고 유통기한이 지난 음식이다. 이런 음식들은 이른바 '음식물 쓰레기'라고 생각한다. 당연히 버려야 할 대상이다. 나는 그런 것을 먹고 생명을 유지한다는 생각을 하면 행복한 기분에 젖는다. 아무짝에도 쓸모없던 조각 하나가 전체 퍼즐에서는 그것을 완성하는 중요한 역할을 한다는 생각이 들어서랄까.

셋째가 한두 살이었을 때 나는 금식과 소식 실험에 빠져 있었다. 때문에 아내는 요리를 할 때도 내 몫은 만들지 않았다. 나의 주식은 세 딸이 남긴 음식이었다.(웃음)

당시에는 현역 경영자로서 바쁜 나날을 보냈기 때문에 에너지를 쓸데없이 소화하는 데 소비하지 않고 일에 집중하기 위해 소식과 금식을 하는 생활에 도전했다.♪

한 살짜리 아이가 남긴 음식은 꽤 거칠다. 죽을 여기저기에 흘려놓고 크로켓을 손으로 짓뭉개 주물러 놓은 데다 당근 주스까지 섞어놓는다. 식사가 아니라 과학실험실이다.(웃음) 그렇게 '당근 주스 크로켓 죽'이 완성되고 결국은 나를 위한 잔반으로 남는다. 당시에는 그런 음식을 먹었다. 우리 아이가 남긴 것이라고는 하지만 결코 아름답지 않았다.(웃음)

쓰레기를 줍다 보면 포장지에 든 과자나 사탕을 주울 때가 있다. 얼마 전에는 쓰레기를 주우면서 '입이 심심한데 껌 같은 거 하나 안 떨어져 있나…?'라고 생각했는데 곧 은박지에 싸인 껌 하나를 발견했다.

나는 개봉하지 않은 음식이라면 기꺼이 그것을 주워 먹는다. 열어보니 내가 좋아하는 오리지널 민트였다. ♪

또 신칸센을 이용할 때 '단 음식이 먹고 싶네…'라고 생각했더니 열차 화장실에 아직 개봉하지 않은 사탕 한 개가 떨어져 있었다. 당연히 주워서 맛있게 먹었다. ♪

또 일 때문에 치바현 쵸시시에 갔을 때 임대 자전거를 몰고 언덕 위 전망대에 올라 태평양 조망을 구경한 적이 있다. 자전거를 타고 언덕을 오르느라 지쳤기 때문에 '달콤한 것이 땡긴다'는 생각을 하면서 전망대 주변의 쓰레기를 주웠다. 그러다 화장실에서 아직 개봉하지 않은 오렌지 맛 사탕 한 개가 떨어져 있어서 하늘의 배려라고 생각하고 맛있게 먹었다. 사탕의 달콤함이 지친 몸 전체에 퍼지는 멋진 감각을 즐기면서 사이클링을 기분 좋게 마칠 수 있었다. ♪

사람들은 보통 "떨어진 음식은 주워 먹지 마"라고 말한다. 하지만 나는 개봉하지 않은 것이라면 기꺼이 주워 먹는다. 더구나 내가 구매해서 먹는 음식과 하늘이 준 선물을 먹는 것은 그 기쁨이 두 배 정도 차이가 난다. 돈을 지불하고 먹는 것도 나름대로 만족스럽다. 하지만 감동까지는 느껴지지 않는다. 그런데 생각지도 않은 선물에는 감동이라는 것이 수반된다.

여러분도 땅에 떨어진 음식물이 포장이 벗겨져 있거나 지저분하지만 않다면 한번 시도해 보면 어떨까. 우리 세대 사람들 대부분은 미스터 칠드런의 가사에 공감할 것이다. '무슨 말이야. 노래는 노래지'라고 생각하는 분은 이상과 현실을 지나치게 구분해서 생각하는 분일 수 있다. 현실적인 삶은 대부분 과거의 연장이며 감동이 적은 인생이다. 새로운 자신, 이상적인 삶을 생각한다면 '예상하지 못한 선택으로 감동이 많은 인생'을 맛볼 수 있다. 쓰레기 줍기에는 그런 마법도 있다.

이야기를 되돌리면 사람들이 더럽게 생각하는 쓰레기 같은 존재조차 애착을 가지고 대할 수 있게 된다면 세상에 존재하는 대부분의 대상들이 사랑스럽게 느껴지지 않을까. 즉 마음의 용량이 확대되지 않을까.

호텔 스파나 찜질방에 가면 탈의실에 머리카락을 빗는 빗이 놓여 있다. 사람들 99퍼센트는 소독이 끝난 빗을 사용하려 한다. 하지만 나는 자진해서 이미 사용이 끝난 빗을 사용한다. 욕조에 들어가 깨끗하게 씻은 이후에 사용한 빗이니까 남이 사용한 것이라 해도 깨끗하리라는 생각에서다.(웃음) 언젠가는 스파에 수건을 가지고 가지 않은 적이 있다. 보통 사람이라면 수건을 구매할 테지만 나는 누군가가 사용을 마치고 세탁 수거함에 넣은 수건 중에서 그다지 젖지 않은 것을 골라서 사용했다.(웃음)

언뜻 비상식적인 행동이지만 나는 이것이야말로 '자타동연'(自他同然)이라고 생각한다. 자타동연은 마지막에서 '완전한 자신'에 이른다. 쓰레기 줍기는 자신이 떨어뜨린 쓰레기와 타인이 버린 쓰레기에 관계없이 그저 줍는 행위다.

즉 쓰레기 줍기를 지속할수록 자신과 타인의 경계가 희박해지며 자타동연의 경지에 이른다. 그렇게 되면 자신도 타인도 모두가 하나라는 '완전한 자신'에 가까운 감각이 느껴진다. '누가 버렸는가' 같은 쓰레기를 버린 주체에 대한 흥미가 없어지고 뭉뚱그려 '우리의 쓰레기'라고 받아들이는 경지에 도달한다. 쓰레기 줍기는 나와 나 아닌 것 관계없이 그 모두

를 포함하는 '완전한 자신'의 세계에 이르게 만든다. 그런 마
법을 걸어준다.♪

❀

쓰레기 줍기 매직 3.
함부로 판단하지 않는다

최근에는 쓰레기 줍기가 붐이다. 신문이나 TV를 보면 쓰레기를 줍는 사람들에 대한 뉴스가 자주 등장한다. 지역신문에는 환경보호를 위해 뒷동산의 쓰레기를 주웠다는 내용이 올라오고 TV 뉴스에는 '해변을 깨끗하게', '해양을 오염시키는 플라스틱을 버리지 말자'라는 캠페인도 자주 등장한다. 그리고 그것을 전달하는 논조는 대부분 비슷하다. "쓰레기를 버리지 말자. 우리의 환경, 지구 환경을 지키자." 내 경험상 봉사활동으로 쓰레기를 줍거나 청소를 하는 사람들은 세상을 위해 공헌하는 고결한 인품을 가진 사람들이 많다.

봉사활동에서 쓰레기를 줍다 보면 '어떻게 이런 장소에

85

쓰레기를 버리는 거야'라는 생각에 화가 나기 쉽다. 우리 회사 직원들도 가게 주변의 쓰레기를 자진해서 주울 때가 있는데, 그들이 기록한 일지를 읽어보면 "담배꽁초가 너무 많다. 흡연자들의 매너는 바뀔 수 없는 것일까?"라는 식으로 정론을 주장하는 의견을 자주 볼 수 있다.

나는 다르다. 언젠가 우리 집 현관 앞에 마치 시비를 걸듯 담배꽁초와 음식물 포장지가 며칠 동안 계속 버려져 있었다. 아내는 그걸 보고 당연히 화를 냈다.(웃음) 아내는 "도대체 누가 이런 짓을 하는 거야!"라고 소리를 지르면서 청소를 했다.

하지만 나였다면 '오호, 이건 내가 나설 상황이야!'라고 생각했을 것이다.(웃음) 그리고 묵묵히 쓰레기를 주웠을 것이다. 물론 문득 '혹시 내가 원한을 살 만한 행동을 했나?'라는 생각이 들기도 했다. 하지만 짐작할 수 없기 때문에 최종적으로는 즐겁게 결말을 지었다. '내가 쓰레기 줍기를 즐기는 걸 알고 누군가가 나를 위해 버려둔 거야'라고. 그렇게 생각하면 쓰레기에조차 애착을 느끼게 되니 정말 신기한 일이다.

스물네 살부터 25년 동안 경쟁사회 한가운데서 경영을 해왔다. 내가 일상적으로 하는 일은 결정이다. 다양한 경영 과제를 이해득실과 선악, 경영이념을 기준으로 결정한다. 즉 판단이 내 주 업무다.

판단은 재판관이 판결을 내리는 것처럼 의사결정을 하는 것이다. 직원 인사 평가에서 ABC평가를 한다. 상여금이나 급여를 정한다. 출점 장소를 결정하고 방침을 결정한다. 판매 수치를 정한다…. 경영은 그야말로 판단의 연속이다.

한편 이런 일을 계속하다 보면 사생활에 그 폐해가 발생하기도 한다. 회사에서 보고를 받을 때면 "결론부터 말하게!"라고 말해 왔다. 그쪽이 판단을 더 빨리 내릴 수 있기 때문이다. 그런데 그런 행동을 나도 모르게 집에서도 해버린 것이다.(웃음)

과거에는 아내의 긴 이야기에 "그래서 결론은?"이라거나 "무슨 말을 하고 싶은 거야? 요점만 말해"라는 식으로 차갑게 답변했다. 당연히 부부관계에 균열이 생겼다. 아내는 "가정은 직장이 아니라고!"라며 불같이 화를 냈다.(웃음)

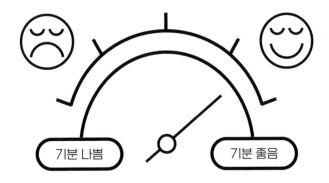

기분 나쁨　　　기분 좋음

　현재 나의 기본방침은 경영이나 일에서는 판단을 내리지만 사생활인 '일상에서는 판단을 내리지 말자'다.

　이건 간단해 보이지만 쉽지 않다. 그래도 최선을 다해 노력한다. 내가 이렇게 할 수 있는 이유는 쓰레기 줍기를 지속해 왔기 때문이다.

　쓰레기를 줍다 보면 걸음을 옮길 때마다 끝없이 쓰레기가 나타난다. 그것을 일일이 '이건 주워야지, 이건 줍지 말아야지'라는 식으로 판단하는 것은 기본적으로 불가능하다. 따라서 떨어진 쓰레기는 아무 생각 없이 그저 줍기만 한다. 사실 쓰레기 줍기를 지속하면 '함부로 판단하지 않는 습관'이 자연스럽게 갖춰진다. 그렇게 되면 평소에 함부로 판단하지 않고 비상시에만 정확한 판단을 내리는 자세를 갖출 수 있다.

가정은 물론이고 회사에서도 기본적으로는 판단을 하지 않고 상대방이 요구할 때만 판단을 하면 마음에 재판관이 없기 때문에 많은 시간을 평온하게 보낼 수 있다. 즉 마음의 바늘이 기분 좋은 방향을 가리키게 된다.

문제가 문제로 느껴지지 않는다

우리 집에도 일반적으로 말하는 '문제'가 많다.

언젠가 아내는 중학생 딸을 크게 걱정했다. "이대로 가면 등교 거부가 될 수도 있어." 나의 대답은 "그러면 어때"였다.

어느 날은 "둘째는 피아노를 계속하는 게 좋을 것 같아"라고 말했고, 나의 대답은 "아무려면 어때"였다. 그러자 "둘째 중학교 시험은 어떻게 해야 하지?"라는 질문이 이어졌고 나의 대답은 "어디든 들어가기만 하면 되지, 뭐"였다.

아내는 당연히 "어떻게 그렇게 아무 생각이 없을 수 있어?"라고 화를 냈다. "정말 너무 관심이 없어. 아빠로서는 실격이야"라고.

그러나 딸아이를 위한다는 지론을 펼치면서 걱정하는데 에너지를 소비하는 '아빠로서 합격'인 사람과, 딸이 원하지 않는 한 딸의 인생에 간섭하지 않는 '아빠로서 불합격'인 사람 중 어느 쪽이 더 마음이 행복하고 즐거울까.(웃음)

물론 나도 상대방이 요구하면 의견을 말한다. 하지만 내 의견을 강요하지는 않는다. 딸들은 어디까지나 나와는 다른 인간이고 각자의 인생이니까 절대로 간섭하지 않는다.

집에서 TV를 보다가 "저 중에서 누가 가장 멋있어? 누가 가장 못생겼어?"라고 아내와 세 딸이 대화를 나눈다. 이것도 판단이다. 나는 그들의 판단을 지적하지도 않고 대화에 끼지도 않는다. 물론 질문을 받으면 "나는 배우 하시모토 아이가 좋아"라고 분명하게 자기표현을 한다.(웃음)

판단을 잘하는 사람의 대표적인 말버릇은 두 가지가 있는데 "응?"과 "왜?"다.

우리 집에서는 "응? 왜 나만 청소해야 되는데?"(화를 낸다), "응? 왜 내 케이크만 이렇게 작은데?"(화를 낸다)처럼 "응? 왜?"투성이다.(웃음) 아이들에게 "같이 쓰레기 주울래?"라고 말하면 "응? 내가 왜 쓰레기를 주워야 되는데?"라고 즉시 반발한다.

한편 일상적으로 쓰레기를 줍는 나는 쓰레기를 볼 때마다 "응? 왜 내가 쓰레기를 주워야 하지?"라는 의문은 전혀 가지지 않는다. 즉 쓰레기 줍기를 하면서 "응? 왜?"를 버린 것이다.

일상생활에서 판단을 하지 않게 되면 사람들 대부분이 '문제'라고 생각하는 문제가 '문제'로 느껴지지 않고 마음이 평온해진다. 특히 타인의 인생에 간섭하는 일이 줄어들기 때문에 타인의 기분 나쁜 에너지에 휩쓸리는 일이 줄어든다.

'그 사람의 인생은 그 사람의 인생'이라고 상대방을 존중하고 의도적으로 판단을 하지 않기 때문에 자신의 좋은 기분을 유지하는 데만 집중할 수 있다. 쓰레기 줍기를 하면 그런 마음가짐에 한 걸음 더 다가갈 수 있을지 모른다. ♪

초조함이 줄어든다

아내는 쇼핑을 좋아한다. 지역 마트에 한번 쇼핑을 가면 대량으로 구매를 한다. 나도 48개의 소매점을 경영하는 사람으로서 공부도 겸하여 함께 쇼핑을 갈 때가 있다. 그런데 평균적으로 아내의 쇼핑 시간은 상당히 길다.(웃음) 그만큼 쇼핑 자체를 즐기는 것이니까 어떤 의미에서는 생활을 즐기는 좋은 방식이다.

과거에 나는 '전설적인 경영자'가 되겠다는 생각에 '한순간이라도 소중하게 여기는 전국 제일의 남자'를 표방하여 일분일초를 소중하게 여기며 살았다. 따라서 아내나 아이들의 긴 쇼핑 시간을 도저히 이해할 수 없었다. 하지만 지금은 긴 시간을 기다려도 초조함을 느낄 겨를이 없다. 최고의 취미, 쓰레기 줍기 덕분이다.

얼마 전에도 아내와 아이들이 상점가를 돌아다니며 1시간이 넘는 쇼핑을 즐겼는데 나도 그동안 넓은 주차장과 도로변 가로수 아래의 쓰레기를 주우며 즐거운 시간을 보냈다. 결국 1시간 만에 봉투 두 개가 빵빵해질 정도로 대량의 쓰레기를 주웠다.♪

이렇게 마트나 상점가에서 쓰레기 줍기를 할 때의 장점은 쓰레기통이 있다는 것이다. 주운 쓰레기를 굳이 집으로 가져가지 않고 그 자리에서 처리할 수 있다. 가족들이 쇼핑을 즐기는 동안 나는 마치 마트의 직원인 것처럼 쓰레기를 주우며 시간을 즐기면 된다.

덧붙여 코로나 이전에는 아내가 쇼핑을 하는 동안 나는 마트 직원들 대신 상품을 '진열하는 작업'을 했다. 우유 매대가 흐트러져 있으면 유통기한이 얼마 남지 않은 우유부터 앞쪽으로 진열하는 식으로 정돈을 했다. 생선, 육류, 채소 등의 코너도 한 바퀴 돌면서 진열을 도왔다. 이 작업을 한 이유는 지루함을 메우기 위해서이기도 하지만 상품을 진열하면서 어떤 상품이 잘 팔리고 어떤 상품이 안 팔리는지를 확인할 수

있었기 때문이다. 즉 경영에도 도움이 됐다.(웃음)

상품 진열 작업이 모두 끝나면 주차장의 쓰레기를 주우러 나갔다. 마치 어린아이처럼 마트 직원 놀이와 미화원 놀이를 순서대로 즐겼다.

새해는 쓰레기 줍기로 연다

가족 여행을 가면 휴게소나 역 주변에서 아내와 아이들이 선물을 고르느라 긴 쇼핑이 시작된다.

나는 매장을 한 바퀴 돌아보며 소매업을 하는 사람으로서 참고가 될 것들이 있는지 확인한다. 멋진 매장 사진을 이것저것 촬영한 뒤에 밖으로 나와 쓰레기를 줍기 시작한다. 고속도로 휴게소는 대부분 주차장이 넓다. 유명한 휴게소나 역 주변일수록 쓰레기가 많이 떨어져 있다. 아와지시마 휴게소에서는 마치 원양어업을 나가듯 300미터나 떨어진 장소까지 나가서 쓰레기를 줍느라 오히려 아내와 아이들을 기다리게 한 적도 있다.(웃음)

코로나 이전에는 연초에 처가에 가서 친척들이 모여 식

사를 하는 정례행사가 있었다. 경험 있는 분들은 잘 아시겠지만 처가에 가면 남편들은 꿔다 놓은 보릿자루다. 아내는 자신의 자매나 사촌들과 즐겁게 담소를 나누지만 나는 대화를 거의 나눠본 적이 없는 남자 친척들과 모여 어색한 분위기에서 불편하게 식사를 한다. '식탁 저쪽에 있는 음식을 먹고 싶다'고 생각하면서도 말을 꺼낼 수 없다. 소심한 남성들이 맛볼 수 있는 최고로 어색한 하루를 보내는 것이다.

그러나 이제는 매년 최고의 이벤트가 기다린다. 처가에서의 모임을 마치고 밖으로 나오면 즉시 '나다움'을 발휘하는 시간이다. 가족과 헤어져 처가와 가장 가까운 군마현 미도리시 아카기역까지 약 1.2킬로미터 거리를 혼자 쓰레기를 주우며 걷는다. 절로 콧노래가 나온다. 전철에 올라타 우리 집에서 가장 가까운 오타역에 도착하면 다시 오타역에서 집까지 약 1.5킬로미터의 거리를 쓰레기를 주우며 돌아온다. 정초부터 두 손에는 약 2000개의 쓰레기가 가득 찬 봉투 두 개가 들려 있다. '1년의 계획은 정초에 있다'고 하는데 나는 '1년의 계획은 정초 쓰레기 줍기에 있다'가 된다. 쓰레기를 많이 주우면 그해 최고의 스타트를 끊은 듯한 만족스러운 기분을 느끼는 것이다.

내가 매우 불편해하는 가족 이벤트가 있다. 놀이공원이나 테마파크에 가는 것이다. 싫어하지는 않는다. 좋아는 하지만 불편하다. 이 표현은 '분위기 자체는 좋아하지만 내게는 맞지 않는다'는, 아무에게도 피해를 주지 않는, 권하고 싶은 표현이다.(웃음) 물론 아내와 아이들은 테마파크를 매우 좋아한다. 코로나 이전에는 아빠의 역할을 다하기 위해 디즈니랜드 '푸의 꿀 사냥' 패스트 패스를 얻기 위해 공원이 문을 열자마자 달려가거나, 인기 놀이기구를 효율적으로 이용하기 위해 넓은 공원 내부를 악착같이 뛰어다니기도 했다.

나는 사람들이 많이 모이는 장소가 불편하다. 하지만 더 불편한 것은 남에게 지지 않기 위해 자기들의 이기심을 통째로 드러내고 경합하는 것이다. 인기 있는 놀이기구를 타기 위해 오랜 시간 줄을 서서 기다리는 것도 불편하다.

어쨌든 테마파크에 있으면 계속 참아야만 하기 때문에 기분이 점차 나빠진다. 매 순간 참아야 하기 때문이다. 그렇게 기분이 나빠지면 아내와 싸움을 하기 쉽다. "여기는 아이들을 데리고 올 곳이 아니야"라거나 "죽을 힘을 다해 패스트

패스를 가져왔는데 늦게 왔느니 어쩌니 하면서 불평 좀 하지 말라고!"라는 식으로. 이전에는 테마파크는 고통만 느껴지는 장소였다.

하지만! 쓰레기 줍기를 시작한 이후 테마파크에서의 내 인생은 완전히 바뀌었다.(웃음) 그렇다. 테마파크에 쓰레기 줍기용 집게와 봉투를 들고 입장하기 시작한 후부러는!

불편함이 느껴지던 인파는 모두 나를 위해 쓰레기를 버려주는 고객으로 바뀌었다.(웃음) 이기심을 잔뜩 드러내고 패스트 패스를 얻기 위해 경합을 벌인 후에도 쓰레기를 주우면 즉시 기분이 가라앉는다.

긴 시간 동안 놀이기구를 기다리는 것도 혼자 빠져나와 공원 안의 쓰레기를 주울 수 있는 최고의 시간으로 바뀌었다.♪ 그야말로 '쓰레기 줍기가 없으면 디즈니도 없다'이다.(웃음)

보통 길가에서 쓰레기를 주우면 담배꽁초가 가장 많지만 디즈니랜드 같은 테마파크는 다르다. 가장 많은 쓰레기는 단연코 팝콘이다. 집게로 팝콘을 집어 봉투에 담아 공원을 깨끗하게 만든다. 쓰레기를 줍는 내가 테마파크 직원으로 보이는지 사람들이 몇 번이나 "여기에 쓰레기를 버려도 되나요?"

라고 물어보고 버린다. 길을 물어보는 사람도 많다.

베이지색 옷을 입고 디즈니랜드에 갔을 때는 진짜 미화원으로 착각을 하는지 길 안내뿐 아니라 "사진 좀 찍어주실 수 있나요?"라는 부탁을 해와서 쓰레기 줍기를 중단하고 사진을 찍어준 적도 몇 번 있다.(웃음) 쓰레기 줍기를 하는 것만으로 과거에는 수백 대 일의 경쟁률을 자랑하던 디즈니랜드 직원 체험을 할 수 있다니. ♪

쓰레기를 주우며 내 기분이 좋아지는 것은 물론이고, 사진을 찍어주고 길 안내를 하여 사람들에게 도움이 된다. 더구나 입장료 7000엔 이상을 지불하면서.(웃음)

어쨌든 쓰레기 줍기를 시작한 이후 그렇게 불편했던 디즈니랜드가 최고로 기분 좋은 장소로 바뀌었다.

이기심이 줄고 너그러워진다

테마파크가 문을 열기 몇 분 전부터 문 앞에서 먼저 들어가기 위해 줄을 서거나, 인기 있는 놀이기구를 타기 위해 줄을 서거나, 패스를 얻기 위해 달리거나, 가장 잘 보이는 장소에서 퍼레이드를 보기 위해 자리를 차지하는 것은 모두 '경쟁 심리'다. 경쟁을 하면 이기심이 발동한다.

쉽게 말해 이기심은 '내가 원하는 대로 하고 싶은' 마음이다. 즉 '자아'다. 마음이 이기심이나 경쟁 심리 상태로 접어들면 평온함을 잃는다. 이해득실과 계산이 앞서 '내가 먼저인데 새치기를 당하다니'라거나 최선을 다해 고객들을 대하는 직원을 보고도 '왜 이렇게 느려? 빨리 좀 하지'라는 식으로 이기심이 발동한다.

하지만 쓰레기 줍기는 이기심과는 정반대 방향으로 움직인다. 그저 떨어진 쓰레기를 줍는 것이니까. 거기에서는 이기심이 사라지고 당연히 내가 해야 한다는, '내게 맡겨!'라는 경지에 도달한다. 경쟁 심리의 반대인 풍요 심리로 바뀌는 것이다.

쓰레기줍기는 누구와도 경합하는 것이 아니다. 알라딘의 사운드 트랙 '아름다운 세상'(A whole new world)을 콧노래로 흥얼거리면서 눈앞에 떨어진 쓰레기를 그저 묵묵히 주우면 된다. 쓰레기가 있는 방향으로 몸을 맡기고 움직일 뿐이다. 그렇게 하면 충족감이 느껴지고 기분이 좋아진다.

나는 흔히 고속도로에 비유한다. 편도 3차선 고속도로의 추월 차선을 달려 폭주하는 자동차가 있다고 하자. 이 자동차는 자기가 먼저 목적지에 도착하겠다는 목표를 가졌기 때문에 마음이 '지금 이곳'에 없다. 미래에 있다. '빨리 도착해서 회의를 해야지'라는 식으로, 미래만을 생각하느라 초조하다. 현재를 즐길 수 없다.

반대로 규정 속도를 지키면서 가장자리 차선으로 서서히 달린다면 주변 경치를 즐길 수도 있고 대화를 나눌 수도 있다. 나는 이런 사람들이야말로 '지금 이 순간을 즐기며 현재를 사는' 사람들이라고 생각한다. 강물의 흐름을 따라 흘러가듯 교통의 흐름을 따라 흘러가는 자연스러운 운전 방법이다.

나는 마흔두 살까지 전설적인 경영자를 지향하여 숨 가쁜 인생을 보냈기 때문에 추월 차선에서 폭주하는 사람들의 마음을 이해한다. 하지만 그때의 난 충실하기는 했지만 생활을 즐기지는 못했다. 둘째가 어렸을 때 함께 논 기억이 거의 없으니까. 그런데 쓰레기 줍기를 시작한 이후 바깥 차선을 서서히 달리며 즐기는 삶도 알게 됐다. 이 삶은 그야말로 최고의 행복을 안겨준다.

추월 차선에서 폭주하는 삶은 머티리얼(물질지상주의, 금전

지상주의)에 해당하는, '효율'을 중시하는 삶이다. 바깥 차선을 정속으로 달리면서 운전하는 삶은 '생활을 즐긴다'는 의미에서 스피리추얼한, '효과'를 중시하는 삶이다. 자극은 적지만 만족감은 충분히 얻을 수 있는 삶이다.

나는 머티리얼한 삶을 부정하지는 않는다. 스릴, 스피드, 서스펜스가 넘치고 충실감과 성취감을 느끼기 쉬운 삶이다. 긴 인생을 생각하면 경험 삼아 머티리얼에 듬뿍 취하는 기간을 가지는 것도 나쁘지 않다. 또는 인생을 음미하며 스피리추얼을 즐기면서도 때로 '중요한 순간'에만 화려하게 머티리얼에 집중하면서 사는 것 역시 멋진 삶이다.

머티리얼한 삶은 이해득실과 이기심을 중시하는 삶이다. 항상 부족함을 토대로 생각하기 때문에 '결핍 심리, 경쟁 심리'로 살아가기 쉽다. 그러나 그것이 의욕의 커다란 원천이 된다. '현실 불만족'을 토대로 자신의 성장을 촉진하고 추진할 수 있으니까.

한편 생활을 즐기는 스피리추얼한 삶은 이기심보다는 '맡기는' 삶이다. 스피리추얼한 삶은 만족을 토대로 생각하기 때문에 '풍요 심리'를 바탕으로 살아간다. 물론 경쟁사회에서는 부족한 삶으로 보일 수 있다. 성장을 지향하기보다 '자기

표현'을 하면서 즐기는 삶이니까.

나는 머티리얼한 삶도 스피리추얼한 삶도 모두 즐기면서 살기를 권한다. 즐겁기만 하면 스트레스는 크게 줄어든다.♪

기적 같은 일이 계속 일어난다

고바야시 세이칸 씨는 내가 정말 좋아하는 작가다. 그가 주장하는 방정식이 있다.

자아(이기심)+맡기는 삶=100퍼센트

이기심을 100퍼센트 발동하면 '맡기는 삶'이 사라진다. 이기심을 없애면 그만큼 '맡기는 삶'은 증가한다. 이 방정식은 인생의 진리를 꿰뚫는다.

이기심이란 '생각한 대로', 즉 '기대한 대로'의 삶이다. 기대한 대로 살면 아무리 애써도 만족감 이상은 느낄 수 없다. 기대한 대로 결과가 나온다면 만족감을 느끼고, 기대한 대로 결과가 나오지 않는다면 불만을 느끼기 때문이다. 기대 이상의 기적이 일어나지 않는 한 '감동'은 없다.

하지만 굳이 '생각'을 하지 않고 '맡기고' 살면 '생각한 것 이상, 기대한 것 이상'의 결과만 발생한다. 그럴 때는 인생에 발생하는 모든 것들이 기대한 것 이상, 즉 기적의 연속으로 느껴진다.

쓰레기 줍기를 하면 이기심이 줄어든다. 자아가 줄어든다. 이기심이 줄어들면 '맡기는' 삶을 살 수 있다. 그럴 때 싱크로니시티(Synchronicity. 의미 있는 우연의 일치)가 발생한다.

우연 같은 기적이 끊임없이 발생한다. 그 결과, 인생은 자연스럽게 즐거워진다.

'내가'를 버리고 '덕분에'로 살아가는 인생이다. 왠지는 모르지만 '덕분에' 이런 멋진 일들이 일어나는 인생. 쓰레기 줍기를 하면 이기심이 줄어들고 초조함이 줄어들고 기분이 좋아지며 왠지 마법에 걸린 듯한 일들이 일어나기 시작한다. 그런 인생이라면 최고가 아닐까. ♪

플러스 발상을 하게 된다

쓰레기를 줍다가 가끔 어이가 없어서 "아오!"라는 느낌이 들 때가 있다. 예를 들면, 똥을 집었을 때. 그때는 마음속으로 "아오!" 하고 고함을 지른다. 이것은 나의 말버릇에 해당하는 감탄사다.(웃음) 스물두 살 때부터 왠지 나도 모르게 "아오!" 하고 소리를 지르고 싶을 때가 많았다. 마이너스에 해당하는 일이 발생하면 나도 모르게 "아오!"라는 반응이 나타난다.(웃음)

그건 그렇고 쓰레기를 줍다가 진짜로 집게에 똥이 묻으면 어떤 생각이 들까. 나는 오히려 '운이 좋아진다'고 생각한다. 하지만 냄새는 견딜 수 없다. 그래서 근처의 물을 찾아 깨끗하게 씻는다. 물웅덩이가 있다면 집게를 웅덩이에 담그고 집었다 놓았다를 반복하면 오물이 씻긴다. 어느 정도 깨끗해 지면 봉투 안에 든 쓰레기들 중에서 티슈나 종이를 꺼내 깨끗 하게 집게를 닦는다.

그리고 이게 꽤 신기한 일인데 쓰레기를 주우면 그때그 때 필요한 물건이 묘하게 손에 들어온다. 예를 들어 쓰레기를 줍다가 봉투가 가득 차서 '어떻게 하지. 아직 주울 쓰레기가 많은데. 더구나 오늘은 여분의 봉투도 가져오지 않았어'라고 걱정을 하면 80퍼센트 이상의 확률로 비닐봉투가 거리에 떨 어져 있다.

'너, 뭐냐. 고맙게도 나를 위해 등장하다니!'라는 감동이 느껴지는 순간이다. ♪ 그저 버려졌을 뿐인 비닐봉투에 재활 용이라는 새 생명을 불어넣는 듯한 기분이 들어 매우 만족스 럽다. 그 덕분에 쓰레기 줍기를 계속할 수 있다.

한편 비닐봉투를 발견하지 못할 때, 즉 20퍼센트의 확률 에 해당할 때는 '더 이상 쓰레기를 줍지 말라는 뜻이야'라고 생각하고 깨끗하게 포기한다.

어느 추운 겨울날 쓰레기를 줍는데 콧물이 멈추지 않았 다. 티슈는 가지고 나오지 않았는데 아무리 나라고 해도 이미 사용이 끝난 티슈를 사용하기에는 마음이 꺼려졌다. 그때 '저쪽 전파상 쪽으로 가보자'라는 생각이 들어 쓰레기를 주우면서 그곳까지 갔더니 사용하지 않은 휴대용 티슈가 전파상 주차장에 떨어져 있었다. 이 기적 같은 작은 사건 덕분에 그 후에도 계속 즐거운 마음으로 쓰레기를 주울 수 있었다.

'정말 필요한 것'은 '정말 필요한 순간'에 나타난다. 쓰레기 줍기를 하면서 이런 현상을 거의 매일 체감한다. 필요한 것은 모두 주변에 있다고 생각하는 것도 플러스 발상이다. 이렇게 생각할 수 있다는 건 풍요 심리를 갖췄다는 뜻이기도 하다.

행복한 뇌 구조를 만드는 플러스 발상

나는 경영 세미나에서 강사로 일하기 때문에 호텔 세미나홀을 자주 이용한다.

어느 날, 고급 호텔 세미나홀에서 테이블에 커피를 엎질렀다. 엄밀하게 말하면 커피를 탄 물이었다.(웃음) 나는 카페인을 별로 좋아하지 않기 때문에 물 200cc에 커피 20cc 정도를 섞어서 마신다. 그것을 호텔의 새하얀 테이블보 위에 쏟아 버렸다. 그러자 세미나 회사의 직원이 달려와 "괜찮으세요? 즉시 교체해 드리겠습니다"라고 말했다. 하지만 내가 "아, 괜찮습니다. 커피 향이 나서 오히려 좋은데요. 아마 마르고 나면 커피 향이 계속 풍겨서 기분이 좋아질 것 같습니다♪"라고 말했더니 직원은 쓴웃음을 지으면서 엄청나게 빠른 속도로 테이블보를 깨끗한 것으로 교환해 줬다.(웃음)

주변에 있던 사람들은 "당신은 도대체 어디까지 플러스 발상입니까?"라고 칭찬인지 빈정거림인지 알 수 없는 말을 했다. 사실 이것이 행복한 뇌 구조다. 이미 발생한 사건을 어떻게 포착하는가에 따라 행복이 정해진다.

어느 날은 열차에서 네 살배기 아이가 초콜릿을 먹다가 좌석 테이블을 초콜릿투성이로 만들어 놓았다. 그때 "아오!" 하고 마음속으로 고함을 질렀다. 평소에는 쓰레기를 줍다가 얻은 물티슈를 항상 주머니에 넣고 다녔지만 이때는 공교롭게 손수건밖에 없었다. 나는 어쩔 수 없이 손수건으로 그쪽을 깨끗하게 닦았다. 그리고 도중에 깨달았다. '오늘 하루 내 가방 안에서는 초콜릿 향기가 퍼질 거야.♪' 그렇게 생각한 순간 행복해졌다. 그날은 정말 하루 종일 내 주변에서 초콜릿 향기가 풍겼다.

'발냄새 나는 사장'과 '똥냄새 나는 사장'

나는 일 때문에 자주 고급 음식점에서 식사를 한다.

언젠가 우리 회사의 컨설팅 사업부 VIP 고객이 군마현 오타시까지 찾아와서 집 근처의 고급 음식점에서 식사를 하게 됐다.

나는 집에서 음식점까지 334미터를 여느 때처럼 쓰레기를 주우면서 걸어갔다. 저녁 6시 반 무렵이었기 때문에 떨어진 쓰레기들이 정확하게 무엇인지 판단하기 어려웠지만 별 신경 쓰지 않고 주워서 쓰레기봉투에 집어넣었다. 도중에 가로등도 없는 어두운 골목에서 까만 비닐봉투에 든 묵직한 쓰레기도 주워 봉투에 넣었다. 그리고 음식점에 도착하여 집게와 쓰레기봉투는 내 옆에 놓아두고 평소처럼 일단 쓰레기를 줍는 이야기로 대화를 시작했다.

"정말 훌륭하십니다. 사장님께서 솔선수범해서 쓰레기를 주우시다니 정말 훌륭해요. 우리 회사도 배울 점이라고 생각합니다." 머티리얼 세계에서도 쓰레기 줍기에는 한 수 접어준다.

그런데 술자리가 무르익을 무렵 뭔가 이상한 걸 깨달았다. '킁킁, 이게 무슨 냄새지?' 어디선가 불쾌한 냄새가 풍겼다. 나는 확신했다. '아, 이건 발냄새야!' 우리 회사에는 은둔형 외톨이나 오타쿠가 많다. 그들과 회식을 할 때 몇 번이나 맡아본 적 있는 익숙한 냄새였다.(웃음) 결론은 발냄새. 혹시 내 발에서 나는 것인지 화장실에 가서 확인해 보니 내 발에서는 아무런 냄새가 나지 않았다. 그렇다면 범인은 상대방이다. '그래. 이건 고객의 발냄새야!' 대단히 실례지만 눈앞에 앉은 멋진 50대 사장님을 '발냄새 나는 사장'으로 단정했다.(웃음) '발냄새 나는 사장' 덕분에 맛있는 1만 엔짜리 고급 요리도 아무런 감흥을 느낄 수 없었다. 식사를 하는 내내 그 냄새가 코를 자극했으니까.

술자리가 끝난 뒤에는 여느 때와 마찬가지로 쓰레기를 주우면서 집으로 돌아왔다. 차고에 마련해 둔 나만의 '쓰레기 처리장'에서 쓰레기를 분류하다 보니 이나바엔 주변에서 주운 비닐봉투가 눈에 들어왔다. 그리고 이런! 거기에서 발냄새가 풍기는 것이 아닌가. 조명을 켜고 확인해 보니 그것은 사용이 끝난 기저귀였다. 더군다나 성인용.

"아오!"

멀쩡한 사람을 '발냄새 나는 사장'으로 단정하다니. 정말 죄송한 마음이 들었다. 사실은 내가 냄새의 주인공인 '똥냄새 나는 사장'이었다.

이 에피소드는 나의 재미있는 이야깃거리가 됐다.(웃음)

스스로 현실을 만들어 낼 수 있다

언뜻 마이너스로 보이는 쓰레기조차 플러스로 포착하게 되면 중요한 순간에도 많은 것들을 플러스 발상으로 포착할 수 있다.

사건을 플러스로 포착하려면 어떻게 해야 좋을까. 우선 모든 사건을 중립적인 관점으로 인식해야 한다. 집게에 똥이 묻으면 사람들은 대부분 "이게 뭐야!"라고 순간적으로 마이너스 반응을 보인다. 자동 반사다.

하지만 모든 사건을 일단 중립적 관점으로 보면 '집게에 똥이 묻은 사건'도 반사적으로 판단하지 않고 일단 중립적인 관점으로 생각할 수 있다. '이 사건은 내게 무엇을 가르쳐 주는 것일까?' 그렇게 교훈으로 포착하면 거기에서 플러스 해석을 할 수 있다.

'쓰레기를 줍다 보면 똥이 묻을 때도 있어. 그리고 똥은 굳이 주울 필요가 없는 거야. 이것으로 쓰레기 줍기 노하우를 하나 더 갖추게 됐어', '똥과 관련된 에피소드가 하나 더 늘었네', '똥이 묻은 덕분에 조금 전에 주운 티슈가 얼마나 고마운 존재인지 알게 됐어. 감사하는 마음을 배웠어♪'라는 식으로.

여기까지의 문장을 읽었으면 '마이너스'나 '문제'라는 표현은 전혀 나오지 않았다는 사실을 깨달았을 것이다. '언뜻 마이너스로 보이는 사건', '언뜻 문제로 느껴지는 사건'이 발생하면 나는 굳이 해석과 사건을 따로 분리한다. 이것을 자연스럽게 분리할 수 있게 되면 스스로 자신의 현실을 만들어 낼 수 있다.

즉 본인 스스로 기분 좋은 세상을 만들 수 있게 된다.

　행복한 뇌를 가진 사람의 뇌는 사실 꽃밭 같은 상태다. 인생은 결국 무엇으로 이뤄지는 것일까. 내가 행복에 관한 연구를 12년 동안 한 끝에 도달한 결론은 '인생은 아름다운 오해로 형성된다'이다. 즉 인생은 믿음으로 형성된다. 모든 것은 본인의 믿음이다. 간단히 말하면 본인이 '행복하다'고 믿으면 행복해지고 '나는 눈도 작고 공부도 못하고 등도 굽고 친구도 없고 부모에게 사랑도 받지 못한다'라고 믿으면 불행해진다. 이 말은 행복해지려면 일단 나는 행복하다고 믿어야 한다는 뜻이다.

　과거에 나는 인간의 가장 위대한 능력이 '자신을 이겨내는 능력'이라고 생각했다. 이른바 '극기'다. 졸음이 와도 참고 숙제를 한다. 게을러지기 쉬운 마음에 채찍질을 하면서 최선을 다해 일에 매진한다. 그렇다. 모두 멋진 행동들이다.

　그리고 '자신을 이겨내는 능력'을 발휘할 수 있으면 많은 것들을 습관화할 수 있다. 습관화하면 공부에서든 비즈니스에서든 '승리'할 수 있다. 특히 비즈니스는 재능보다는 노력이 중시되는 세계다. 천재보다 노력하는 사람이 승리를 손에 넣는 세계다. 일시적으로 천재적인 수법을 구사하여 고객을 기쁘게 하는 사람보다 지속적으로 고객을 기쁘게 할 수 있는 사람이 비즈니스에서는 승리한다. 우리 회사에서도 '최선을 다하는 것이 이기는 비결'이라고 말하며 '습관을 갖춘다'는 점을 토대로 다른 사람들이 볼 때 이상하다고 생각할 정도로 강력한 집념을 가지고 일한다. 그것이 13년 연속 매출과 수익 증가라는 결과를 낼 수 있었던 커다란 요인이다.

한편 이 '스스로를 이겨내는 능력'은 '자기가 원하는 사람'이 되고 싶을 때, 즉 무엇인가를 달성하고 싶을 때 강력한 힘을 발휘한다. '자기실현을 하고 싶은 사람'에게 스스로를 이겨내는 능력은 필수 불가결한 항목이다. '행복은 자기실현'이라고 100퍼센트 확신하는 사람이 이 능력을 지속적으로 연마하면 이른바 '성공'에 가깝게 다가갈 수 있다.

극기와 자기긍정 사이에서

하지만 앞에서 설명한 대로 행복의 벡터(방향성)는 크게 두 가지다. 하나는 좀 더 노력해서 무엇인가를 달성하고자 하는 벡터. 바꿔 말하면 자신을 이겨내고 자기가 원하는 사람이 되기 위한 극기 벡터다. 그리고 또 하나는 '있는 그대로의 자신'을 받아들이는 벡터. 이것은 '자기긍정' 벡터다. 자기 자신과 주어진 환경에 만족하고 그것을 즐기는, 있는 그대로의 자신으로 만족하는 벡터다.

현 사회는 좋은 의미에서건 나쁜 의미에서건 피라미드 사회다. 피라미드 사회는 비교하는 사회다. 학교에서도 시험 점수나 편차치, 학력으로 비교당하고 사회인이 된 이후에도 연봉이나 직함, 매상이나 이익으로 비교를 당한다. 나이를 먹어도 질병 유무나 유산의 많고 적음, 자녀나 자손의 형편 등 죽을 때까지 비교가 따라다닌다.

그렇기 때문에 이 사회에서 행복해지려면 자신을 이겨내는 능력을 발휘해야 한다. 누구에게도 지지 않는 노력을 하고 지속적으로 최선을 다해서 피라미드 사회의 정점을 향해 올라가야 한다. 고학력, 대기업 취직, 높은 직함, 많은 연봉, 업계 랭킹 1위… 이런 것들을 추구해야 한다. 나 자신도 이 피라미드 사회에서 업계의 정점에 서겠다는 생각으로 정신없이 돌진해 온 사람 중의 하나다.

그러나 경영자로서 극기를 실천하며 십수 년을 살아오

다가 쓰레기 줍기에 빠져들면서 자문자답을 해볼 기회가 증가했고 문득 깨달았다.

'이대로 살아도 정말 괜찮을까? 우리 회사를 대단한 회사로 만들고 나 자신도 전설적인 경영자가 되기 위해 발버둥치는 것이 옳은 걸까? 이게 행복한 인생일까? 발치의 아름다운 꽃을 깨닫지 못하고 그것을 사랑하지도 못한 채 어쩌면 내가 만든 우리 안에서 나 혼자 몸부림치는 것은 아닐까?'

극기를 지향하면 물론 성취감도 있고 충실감도 있다. 하지만 무언가가 다르다.

그것은 또 하나의 벡터인 '이대로도 괜찮다'와 균형이 맞지 않기 때문이다. 더 노력한다는 행위는 뒤집어 말하면 지속적으로 '자기 부정'을 한다는 뜻이다. 현실적인 상황에 만족하지 않고 좀 더 위를, 좀 더 높은 곳을 지향하기만 한다.

하지만 이것은 사막의 신기루를 좇는 것과 같아서 아무리 시간이 지나도 결승선은 없다. 지금까지 수백 개 기업이 우리 회사를 벤치마킹하기 위해 찾아왔다. 그들은 "이곳의 구조화 수준에 깜짝 놀랐습니다. 분명하게 말해서 충격이었습니다. 우리는 완전히 패배한 기업이었습니다"라고 몇 번이나 말해 줬다. 물론 나 자신도 우리 회사를 뛰어넘는 '멋진 회사'를 보고 똑같은 패배감과 좌절감을 수없이 맛봤다.

과거에는 "프리마베라에 졌다"는 말을 들으면 우월감을 느꼈다. '당연하지. 내가 심혈을 기울여서 매달 400시간씩, 몇 년이나 가정을 돌보지 않고 필사적으로 일해서 일궈낸 기업인데'라는 식으로. 하지만 피라미드 사회에서는 아무리 시간이 지나도 정점에는 오를 수 없다. 정점이라고 생각한 순간 그 위에 또 다른 정점이 있다는 사실을 깨닫게 되니까.

우리 회사는 연 매출 47억 엔으로 지역에서는 어느 정도 알려진 가게들을 경영하지만 상장기업이 보면 그야말로 논외다. 매출액 대비 당기순이익률이라는 기업의 수익성 지표도 10퍼센트를 넘어 고수익을 올리는 기업에 들어가기는 했지만 그보다 훨씬 더 많은 수익을 올리는 기업은 얼마든지 있다. 정사원 1인당 연봉도 중소기업 소매업 중에서는 높은 편이라고 하지만 상장기업이나 우량기업의 입장과는 도저히 상대가 되지 않는다.

즉 자신의 회사를 어떻게 갈고닦건, 피라미드 사회에서 '비교'라는 척도를 가지고 이상적인 모습을 지향하며 노력하는 동안에는 결국 무엇을 달성하더라도 '부족'한 상황만 눈에 들어온다. 그래서 부족함을 메우기 위해 평생을 보낸다.

물론 직원을 위해 기업을 어떻게 해서든 끌어올리려는 경영자로서의 노력은 아름답고 숭고하다. 나는 그런 경영자를 진심으로 존경하고 나 역시 평생을 그런 인생을 지향하면서 '직원들에게 감사 인사를 받으면서 죽는다면 더할 나위 없을 거야'라고 생각한 적도 있었다.

하지만 쓰레기 줍기를 시작한 이후 다른 세상을 깨달았다. 화려한 세계를 추구하는 '신기루 같은 행복'도 있지만 미스터 칠드런의 〈이름도 없는 노래〉에 등장하는 가사처럼 "발치에 떨어진 행복"도 있다. 그중 하나가 쓰레기 줍기다. 과거에는 유명 모델과의 만남이나 도쿄 마천루 빌딩에 본사를 마련하는 것을 동경한 적도 있었다. 그런 목표를 가지고 의욕을 끌어올리고 노력하는 모습도 멋지다. 하지만 발치의 쓰레기를 주우면서 만족감을 느끼는 인생도 있다. 이것이 '있는 그대로가 좋다'고 생각하는 벡터다. '아, 나는 쓰레기 줍기를 즐기고 온갖 쓰레기들과 대화를 나누고 거기에서 행복감을 느껴. 이런 삶도 있는 거야'라고 생각하는 것이다.

하지만 때로는 피라미드 사회의 화려한 세계로 마음이 향하기도 한다. 그렇기 때문에 '노력'하는 벡터도 당연히 가졌다. 그 벡터가 완전히 사라진다면 경영자나 조직의 수장 자리에서는 물러나야 한다. 실적이 떨어지고 직원들이 불행해질 테니까. 단순히 현실적인 상황에 만족할 뿐이라면 기업으로써는 쇠퇴의 시작이다.

현재를 즐기는 최고의 방법

일은 결과를 추구하여 노력하는 세계다. 한편 쓰레기 줍기는 자기도 모르게 콧노래가 나오듯 현재의 인생을, 과정을 즐기는 세계다. 두 세계, 즉 '노력하는 것'과 '현재에 만족하고 즐기는 것'을 합칠 수는 없을까 하는 생각에서 얻은 결론은 '간바룸바'다. 분발한다는 뜻의 '간바루'에 라틴댄스의 한 장르인 '룸바'를 합친 말이다.

일이니까 당연히 노력한다. 시험을 봐야 하니까 당연히 공부한다. 하지만 노력은 현재를 참고 미래를 위해 사는 것이기 때문에 언젠가는 좌절하거나 실망을 하게 된다. 그러니 '현재를 즐긴다'는 마음을 '룸바'라는 가벼운 말로 채워 마치 콧노래를 부르듯 노력하고 일하는 과정을 즐기면 어떨까.

'간바룸바'라는 말은 우리 회사에서 일하다가 지금은 퇴사를 한 시마즈라는 아르바이트생이 발명했다. 그것을 동료인 가와타 도모야라는 아르바이트생이 회사 일지에 적어둔 말이다. 나는 그 단어를 보고 큰 충격을 받았다. "그렇구나. 일은 간바룸바로 하면 되는 거야!"라고. 그 후 우리 회사는 "일은 간바룸바로 하자"가 공통의 말버릇이 됐다. 그러자 노력은 하지만 즐긴다는, 매우 바람직한 사풍이 만들어졌다.♪ 그래서인지 프리마베라 정사원들의 이직률은 매년 평균 1퍼센트 정도에 지나지 않는다.

피라미드 사회 안에서 '고통받는' 사람이 있으면 말해 주고 싶다. "그렇게 힘들어하지 않아도 됩니다. 사고방식을 조금만 바꿔보세요. 노력하는 것도 중요하지만 룸바 리듬처럼 현재를 즐기는 것도 중요합니다. 노력 자체를 즐길 수 있다면 최고입니다."라고.

이런 깨달음을 얻은 것도 쓰레기를 줍는 습관 덕분이다. 쓰레기 줍기라는 습관 덕분에 나의 '부족함을 메우기 위한 폭주 인생'을 멈출 수 있었다고 생각한다. 쓰레기 줍기를 하면 쓰레기도 일도 사건도 마이너스를 메워야 하는 '부족'이 아니라 '플러스'로 포착할 수 있게 된다.

과정을 즐기게 된다

한때 모바일 게임인 포켓몬고가 유행이었다. 포켓몬고는 플레이어가 실제로 여기저기 걸어 다니며 게임을 진행한다. 덕분에 게임을 하다 보면 걸음 수가 증가하면서 운동이 되고 건강해진다. 멋진 '동시 진행 습관'이다. 사실 스마트폰 없이도 포켓몬고 같은 장점을 얻을 수 있는 멋진 습관이 있다. 바로 쓰레기 줍기다.

경영에만 몰두했던 시절에 나는 그야말로 건강신봉자였다. 건강에 좋은 게 있다는 말을 들으면 닥치는 대로 매수했고 내 몸으로 직접 인체실험을 했다. 음식으로 실행했던 실험은 헤아릴 수 없을 정도다. 하버드대학교 건강법으로 버러 커피가 좋다는 말을 들으면 즉시 구매해 실험했고, NMN의 비타민이 좋다고 말하면 역시 즉시 구매해 실험에 들어갔다. 채소 주스가 좋다는 말을 들으면 효소를 파괴하지 않는 값비싼 저속 주서기를 구매해서 매일 아침 채소를 갈아 마셨다.

건강신봉자의 습관에는 당연히 운동도 들어간다. 일주일에 세 차례의 유산소 운동이 좋다는 말을 듣고 조깅을 했다. 비가 내리는 날은 밖에서 조깅을 할 수 없기 때문에 러닝머신을 구매했다. 테이프로 러닝머신에 컴퓨터를 칭칭 감아 놓고 아침 4시 반부터 40분 동안 사원들의 일지를 읽으면서 빠른 걸음으로 걷는 운동을 일주일에 5회, 3년 동안 지속한 적도 있다.

책에서 '근육 트레이닝은 결국 지속하는 힘을 기르는 것'이라는 글을 읽고 1장에서 소개한 퍼스널 트레이닝 체육관으로 달려가 육체 개조도 했다. 아예 퍼스널 트레이너를 고용해 매주 1~2회의 근육 트레이닝을 2년 정도 지속한 적도 있다.

연수 회사 무사시노가 경영자를 대상으로 1년에 한 번 실시하는 '경영계획 작성 합숙'이 있다. 5일 동안 후쿠시마현 신시라카와 호텔 회원권을 이용해서 산속에서 생활을 한다. 건강신봉자인 나는 당시 내 애마였던 토요타 알파드에 집에 있던 에어로빅바이크를 싣고 가서 연수회장 복도에 설치, 자택에서와 다름없는 환경에서 5일 동안 매일 에어로빅바이크를 탔다. 그 전에도, 후에도 수강생들 중에서 이렇게까지 건강에 집착한 사람은 나밖에 없다고 한다. 어떤 사람은 "요시카와 씨는 건강을 위해서라면 죽어도 좋다고 말하는 사람입니다"라는 이해하기 어려운 칭찬을 해준 적도 있다.

신체의 건강이라고 하면 궁극적으로는 식사와 운동이다. 나는 다양한 인체실험을 되풀이하면서 내 몸에 맞는 습관을 음미해 왔다. 그렇게 건강신봉자인 내가 도달한 최고의 식사 습관은 매우 단순하다. 자신의 '신체'와 대화를 나누고 정말로 먹고 싶은 것, 몸이 원하는 것을 먹으면 된다. 운동하는 습관도 단순하다. 쓰레기 줍기를 하면 된다. 이상이다.

나는 천성적으로 '그냥 걷는다'거나 '그냥 운동을 한다'는 말을 도저히 이해할 수가 없다. '무엇인가를 하면서' 운동을 해야 직성이 풀린다. 그런 내가 8년 동안 변함없이 지켜온 운동 습관이 있다. 쓰레기 줍기 워킹이다. 쓰레기를 주우면서 '걷는' 운동을 병합한 것이다. 보통 근육 트레이닝이나 조깅은 '최대한 땀을 흘린다', '게을러지기 쉬운 자신에게 채찍질을 한다'는 식으로 그것에만 집중해서 시도할 때가 많다. 하지만 쓰레기 줍기 워킹은 아무런 노력도 기술도 필요하지 않다. 단지 자연스럽게 밖으로 나가 쓰레기를 주우면서 걸으면 된다. 그러면 기분이 좋아지기 때문에 계속 쓰레기를 줍게 된다. 단지 그것뿐이다. 그리고 그 결과 운동량을 충족할 수 있고 건강도 좋아진다.

중고 전동자전거로 출근하는 경영자

도쿄에서 경영자를 대상으로 하는 세미나에 강사로 초대받았을 때의 일이다. 나는 경영에도 도움이 되도록 '쓰레기 줍기×경영'이라는 주제로 강연을 할 생각에 슬라이드를 준비해 갔다. 별로 알려지지도 않은 나의 세미나를 앞두고 세미나장엔 정적이 흘렀는데 사회자가 나를 다음과 같이 소개하기 시작했다.

"주식회사 프리마베라의 요시카와 미쓰히데 사장님은 연 매출 40억 엔, 경상이익 4억 엔이라는 고수익 기업을 경영하는 한편 라이프워크로 쓰레기를 줍습니다. 또 자동차 보유율 전국 1위라는 군마현에서 자동차는 버리고 많은 주부들이 이용하는 전동자전거 '마마챠리'를 애용…."

세미나장의 긴장된 분위기가 단번에 풀리면서 여기저기에서 웃음이 터져 나왔다.(웃음)

그 후 쓰레기 줍기와 관련된 재미있는 에피소드와 인생에 도움이 될 이야기들을 풀어낸 결과, 과거 실시한 경영세미나 100회 중에서 수강생들이 가장 좋은 반응을 보였다.(웃음)

사실 '전동자전거 마마챠리'도 나의 건강 습관 중 하나다. 코로나가 발생해 외출이 줄어들면서 애마인 알파드를 사원에게 싼 가격으로 팔았다. 현재 이동 수단은 도보 아니면 자전거, 그리고 공공교통시설뿐이다. 어쩔 수 없이 자동차를 이용해야 할 때는 아내의 차를 빌리거나 자전거를 타고 7분 동안 달려가 렌터카를 이용한다. 다만 일반 자전거는 이동하는 데 시간도 많이 걸리고 힘도 너무 들기 때문에 그 중간 정도를 생각해서 전동자전거를 이용한다. 내가 아는 경영자들은 대부분 벤츠, BMW, 렉서스를 탄다. 나는 무슨 차를 타냐는 질문을 받으면 "중고 파나소닉입니다"라고 자랑스럽게 대답한다.(웃음) 이 전동자전거는 어머니가 타시다가 두 차례나 교통사고가 나서 의식불명이 됐던 이력이 있다. 사람에 따라서는 '불길한 자전거'라고 생각할 수 있지만 나는 '어머니의 생명을 두 번이나 구해 준 생명의 은인' 같은 자전거라고 생각한다. 살아난 것은 신이 도왔다고 밖에 생각할 수 없는 사고들이었기 때문이다. 구세주 자전거인 것이다. 역시 생각하기 나름이다. ♪

한편 이 자전거에는 커다란 바구니 두 개가 달려 있다. 뒤쪽 바구니에는 작은 구멍이 뚫려 있어서 나의 기다란 집게를 그 구멍에 꽂고 다닌다. 그러니까 뒤쪽 바구니에서 집게가 튀어나와 있는, 녹색의 전동 마마챠리를 보면 누구나 단번에 그 주인이 나라는 사실을 알 수 있다.(웃음) 그렇다. 나는 전동 자전거를 사용한 '쁘띠 쓰레기 줍기 사이클링'을 즐긴다.

'쁘띠 쓰레기 줍기 사이클링'이란?

쓰레기 줍기에 한창 빠져 있던 2017년 무렵, 자전거를 타고 쓰레기를 주울 수는 없을까 하는 생각이 들었다. 그래서 고안해 낸 방법은 앞의 바구니에 쓰레기봉투를 설치하고 한 손으로 집게를 들고 길가를 달리면서 쓰레기를 줍는 방법이었다. 하지만 이 방식은 꽤 스트레스를 받았다. 쓰레기가 떨어져 있을 때마다 자전거를 멈추고 집게로 쓰레기를 집어 앞쪽 봉투에 넣었다. 이러면 자전거의 오른쪽에 있는 쓰레기는 비교적 쉽게 주울 수 있지만 왼쪽에 있는 쓰레기는 무리한 자세로 주워야 하기 때문에 힘들었다. 또 바구니에 긴 집게를 넣고 다니면 바닥이 고르지 않은 곳을 지날 때 그 충격에 집게가 떨어졌다. 바람이 강한 날은 봉투가 바구니에서 벗어나 날아가는 등 비참한 결과가 발생했다. 그래서 자전거 대신 킥보드를 사용해 보면 어떨까 하는 연구도 했지만 역시 왼쪽의 문제나 쓰레기봉투가 바람에 날리는 문제는 해결되지 않았다. 그래서 결국 단념했다.

그리고 발명한 것이 '쁘띠 쓰레기 줍기 사이클링'이다. 어디까지나 '쁘띠'다. 자전거를 타다 보면 신호에 걸리기도 한다. 나는 멍하니 신호가 바뀌기를 기다리는 것을 참지 못한다. 그래서 자전거를 세워놓고 교차로 부근의 쓰레기를 줍는다. 신호를 기다리는 시간은 평균 약 50초 정도인데 꽤 적절한 시간이다. 평소의 쓰레기 줍기와 전혀 다를 것이 없기 때문에 신경 쓰지 않고 50초 동안 쓰레기를 줍는다. 쓰레기가 많을 때는 거기에 완전히 몰입해서 신호가 바뀐 이후에도 계속 쓰레기를 줍다가 다음 다음 녹색 신호에도 건너지 못한 적도 많다.

내가 하고 싶은 말은 무리해서, 참아가면서, 자신을 희생하면서까지 쓰레기를 주울 필요는 전혀 없다는 것이다. 쓰레기 줍기의 목적은 기분 좋아지기다. 내 기분을 좋게 만들기 위해서 하는 일이다. 그러니 스트레스를 받으면서 쓰레기 줍기를 할 필요가 없다.

예를 들어 비가 내리는 날 한 손에 우산과 봉투를 들고 또 한 손에는 집게를 들고 쓰레기를 줍는다면 당연히 스트레스를 받을 것이다. 나는 기본적으로 그런 쓰레기 줍기는 하지 않는다. 쓰레기 줍기는 스트레스를 받으면 안 된다.

가벼운 마음으로 즐겁게

길에서 자발적으로 쓰레기를 줍는 사람이나 청소를 하는 사람 중에는 훌륭한 사람이 많다. 나도 그런 사람들을 보면 저절로 고개가 숙여진다. 그런 분들 대부분은 '쓰레기 줍기의 도', '청소의 도'를 이야기한다. '쓰레기 줍기를 하면서 마음을 단련한다, 청소를 하면서 정신을 단련한다' 이런 이야기를 자주 한다. 유도나 검도처럼 '도'가 붙는 것들이 지향하는 것은 모두 똑같다. '훌륭한 인격을 갖추는' 것이다. 이른바 '정신 수양'이다. 하지만 나는 이 말에서 매우 무겁고 고통스러운 파동을 느낀다. 가령 '쓰레기 줍기의 도'라고 하면 쓰레기 줍기를 하면서 참을성을 키우고 해야 할 일을 한다는, 훌륭하지만 뭔가 무거운 파동이 느껴진다. 현재의 자신을 부정하고 원하는 무언가가 되기 위해 '도'를 추구하는 것처럼 들리기 때문이다.

나는 쓰레기 줍기를 '쓰레기 줍기의 도'라는 식으로 '도'를 붙일 생각은 털끝만큼도 없다. 쓰레기 줍기는 단지 '마음이 가벼워지기 위해 하는' 것이라고 생각하기 때문이다. 만약 여러분들 중에서 내 책을 읽고 '쓰레기 줍기를 시작해 봤는데 왠지 재미있게 느껴지지 않는다'는 생각이 든다면 즉시 그만두기를 권한다. 이것은 자기 자신에게 맞는가, 맞지 않는가 하는 문제니까. '마음이 가벼워지고 기분이 좋아진다'는 느낌이 들면 지속하면 되고, 그렇지 않다면 그만두는 것이 좋다.

즉 나는 수양을 위해 쓰레기를 줍는 것이 아니라 인생을 그저 즐겁게 만들기 위해 한다. 막연히 걷는 행위는 지루하다. 쓰레기를 주우면서 걸으면 좀 더 재미있지 않을까, 하는 식으로 그 과정을 즐길 뿐이다. 그저 멍하니 신호가 바뀌기를 기다리는 시간을 쓰레기 줍기 시간으로 삼아 게임의 포인트를 쌓듯이 가벼운 마음으로 즐겁게 하는 것이 가장 바람직하다.

'멋진 사람'일수록 괴로워지는 경향이 있다

내가 좋아하는 배우 중에 와타나베 히로유키라는 사람이 있다. 언젠가 군마TV에서 우연히 〈신. 사랑의 폭풍〉이라는 드라마가 재방송되는 것을 봤다. 그 후 관심을 가지고 시청하게 됐다. 그런데 군마TV는 의회와 관련된 중계가 많기 때문에 드라마가 자주 연기됐다. 나는 그 드라마가 너무 재미있어서 마냥 다음 편을 기다릴 수 없었다. 그래서 인터넷에서 드라마 전체를 구매해서 나 혼자 방에 틀어박혀 자물쇠를 잠그고 한 손에 손수건을 든 상태로 시청했다.(웃음) 이 드라마에서 주연인 후지타니 미키 씨의 아버지 역으로 와타나베 히로유키 씨가 나왔는데 멋진 그 모습에 즉시 팬이 됐다.

세미나 때문에 뉴욕에 갔을 때 알게 된 패션 회사를 경영하는 한 사장님이 뉴욕에서 집게를 들고 쓰레기를 줍는 내 모습을 보고 이렇게 말했다.

"저는 와타나베 씨와 골프 친구예요. 나중에 한번 소개해 드릴게요. 다음에 가나가와현에 가면 와타나베 씨와 함께 쓰레기를 줍기로 해요."

페이스북으로 와타나베 씨의 글을 찾아보니 '꿈 줍기'라고 하여 열심히 쓰레기를 줍는 사람이었다. 그 모습을 보고 크게 감동을 받았다. 언젠가 셋이서 함께 쓰레기를 줍는 것이 나의 꿈이 됐다. 하지만 코로나 사태가 발생하면서 쓰레기 줍기 방문은 연기됐다. 그 후, 와타나베 씨가 세상을 떴다는 뉴스를 듣고 그야말로 청천벽력 같은 충격을 받았다….

나는 업무의 하나로 주간지를 닥치는 대로 읽고 정보를 수집한다. 와타나베 씨가 사망한 이후 그에 관한 기사가 몇 가지 나온 것을 발견하고 읽어봤다. 와타나베 씨는 매우 결벽한 사람이었다. 쓰레기 줍기를 금욕적으로 실행했을 뿐 아니라 자동차에 탔을 때도 쓰레기를 발견하면 일부러 자동차를 멈추고 내려서 쓰레기를 주울 정도로 훌륭한 인격자였다. 어쩌면 금욕적이고 완벽함을 추구한 것이 그를 힘들게 만들었는지도 모른다.

나도 차창 밖의 쓰레기가 신경이 쓰인다. 이 원고를 쓰는 오늘도 근처의 고메다커피에 가서 집필을 하려는 생각에 자전거를 타고 달려갔다. 그런데 도중에 많은 쓰레기들이 눈에 들어왔다. '아 저거 줍고 싶은데'라는 생각이 들었지만 '아냐, 됐어'라고 그냥 지나쳐 버렸다. 일부러 자전거에서 내려 쓰레기를 줍는 것은 나 스스로를 희생하는 훌륭한 행위일 수 있지만 그런 행위를 지속하면 끝이다. 어디선가 구분을 짓지 않으면 수습이 되지 않는다. 그렇기 때문에 나는 쓰레기를 주울 상황이 아닌 때는 그대로 지나쳐 버리기로 정해 놓았다. '미안하다. 이번에는 너와 인연이 없는 것 같다. 다음에 인연이 있을 때 주워줄게'라고 생각하면서.

일 때문에 도쿄역이나 신주쿠역 등 인파가 많은 역을 자주 이용한다. 쓰레기를 줍는 집게는 항상 휴대하기 때문에 언제든지 주울 수 있지만 사람들이 많은 장소에서는 기본적으로 쓰레기를 줍지 않는다. 뒤에 오는 사람들에게 방해가 되기 때문이다. 순조롭게 흘러가는 인파를 나의 쓰레기 줍기 때문에 멈추게 할 수는 없다. 그래서 땅에 떨어진 쓰레기가 마음에 걸려도 깨끗하게 포기하고 그냥 지나친다. 역 부근에서는 아침 일찍이나 퇴근 시간 직후에 사람이 적어서 쓰레기를 줍더라도 아무에게도 방해가 되지 않을 때만 한다. 그렇게 하면 스트레스를 받지 않고 즐거운 마음으로 쓰레기를 주울 수 있다.

'대단한 사람'에서 '멋진 사람'으로

사람들 대부분은 훌륭한 사람을 보고 '대단하다'고 말한다. 하지만 나는 이 '대단하다'는 말이 매우 거슬린다. '대단하다'는 말은 중독성이 있는 마약 같아서 그런 말을 들으면 좀 더 대단하다는 말을 듣고 싶어진다. 있는 그대로의 자신을 억제하고 인격자인 척 연기하게 된다. 그러다 보면 있는 그대로의 자신과 대단한 자신을 연기하는 자신 사이에 괴리가 발생하기 때문에 상당히 고통스러운 삶을 보내야 한다. 또한 언젠가 연기를 하는 자신이 진정한 자신보다 더 진짜처럼 느껴지게 된다. 나도 직원들이나 다른 회사의 경영자들에게 '대단하다'는 말을 듣고 기분이 들떠 나의 허상을 만들어 내는 데 더

133

욱 매진했던 때가 있었기 때문에 잘 안다.

'대단하다'는 말을 듣고 '더 대단한 자신'을 만들기 위해 노력한다면 고통에 빠진다. 그리고 '대단하지 않은' 모습을 발견할 때마다 자기혐오에 빠진다. 마음의 바늘은 불안 쪽을 가리키게 된다.

그렇다면 자신의 자아상을 어떻게 바꿔야 할까.

나는 일찍이 '전설적인 경영자'가 되고 싶어서 최선을 다해 노력했지만 도중에 자아상을 '멋진 경영자'로 바꿨다.

'멋지다'는 말속에는 '있는 그대로 좋다'는 생각과 '내게 어울리는 언행을 한다'는 의미가 포함된다. 자신의 자아상을 바꾸면 그 순간 편안해진다. 내가 그동안 '대단한 경영자가 되고 싶어서 스스로 만든 허상이라는 우리 안에서 살아왔다'는 사실을 깨닫게 된다.

'대단한 사람'을 지향한다는 것은 결국 타인의 평가에 의존하는 것이다. 그보다는 본인이 스스로 '대단하다'고 생각하면 된다. 아니, 한 단계 더 나아가 나는 있는 그대로 멋진 사람이라고 생각하면 될 뿐이다. 그것이 정말 멋진 사람이다.

심리학자 매슬로의 '욕구단계설'이라는 이론이 있다. 사람의 욕구는 저차원에서 고차원으로 이어지는 다섯 단계를 거쳐서 형성된다는 이론이다.

1단계는 생존, 즉 '죽고 싶지 않다'이다. 1단계 욕구가 채워지면 2단계로 '안전'을 원한다. 그것이 충족되면 3단계인 '사회적 귀속 욕구'가 발동된다. "최소한 다른 사람과 비슷한 정도는 돼야 해"라고 원하게 된다. 그것도 충족이 되면 "다른 사람과 비슷한 정도로는 만족할 수 없어. 다른 사람과 차이가 있어야 돼. 좀 더 나은 사람이라는 말을 듣고 싶어"라는 4단계 '존경 욕구' 세계로 들어간다. 나는 이 4단계 욕구에 집착했었다. '대단하다'는 말을 들어도 '좀 더 대단한 사람'이라는 말을 듣고 싶어졌고 '다음에는 저 대단한 사람에게서 대단하다고 인정을 받고 싶어'라고 생각했다. 끝이 없었다. 물론 지금도 이 욕구는 어느 정도 있다. 하지만 예전만큼 얽매이지는 않는다. 이 욕구를 중심으로 살면 그야말로 '타인의 평가'라는 우리 안에 갇힌 '죄수' 같은 상태에서 벗어나지 못한다는 사실을 깨달았기 때문이다.

존경 욕구가 충족되면 사람은 5단계인 '자기실현 욕구'로 들어간다. '본인이 원하는 사람이 되고 싶다'는 욕구다. 내 방식으로 좀 더 해설을 첨가한다면 '다른 사람이 무슨 말을 하든 나는 내가 되고 싶은 내가 된다'이다. 즉 타인의 축에서 본인의 축으로 들어가는 것이다. 나는 이 '본인의 축'을 중심으로 자기실현 세계로 들어가는 사람이야말로 진짜 '멋진' 사람이라고 생각한다. 4단계인 존경 욕구의 형용사는 '대단하다'이지만 5단계인 자기실현 욕구의 형용사는 '멋지다'이다.

'멋진' 세상으로 들어가는 방법

존경 욕구인 '대단한' 세계를 부정하는 것은 아니다. '대단하다'는 세계를 어느 정도 충족하지 않으면 '자기실현 세계'로 들어가기가 힘들기 때문이다.

예를 들어 어린 시절부터 '나는 나 자신으로 만족한다'고 여유 있게 살아온 사람이 있다고 치자. 이미 '여유 있는 자신'이니까 이 사람은 태어나자마자 자기실현을 한 것과 마찬가지다. 하지만 사회는 피라미드 구조다. 비교라는 잣대로 학교

성적, 달리기 속도 등 끊임없이 비교를 당한다. 그럴 때 자신의 자아상이 무너지면서 '비교하는 세계'로 들어가 '아, 나는 이대로는 안 될지도 모르겠어'라고 생각하게 된다. 현 사회를 비판하자는 것이 아니다. 사회가 그런 구조로 이뤄져 있다는 사실을 전할 뿐이다.

그렇다면 피라미드 사회에서 자신의 자아상을 높게 가지려면 어떻게 해야 좋을까. 내가 생각한 것은 그 절충안이다. 우선 '대단하다'는 말을 들을 수 있는 무엇인가를 한 가지라도 갖춰서 타인의 평가를 높인다. 무엇이든 관계없다. 한 가지면 된다. 일이건 취미건 동영상 촬영 기술이건 쓰레기 줍기건 무엇이든 상관없다. 그렇게 되면 '대단한' 세계를 체험할 수 있고, 대단한 세계를 맛봤기 때문에 자기실현의 '멋진' 세계로 들어가기 쉬워진다. 그곳은 단순히 자기다움을 발휘하는 세계이기 때문에 '대단하다'는 말에는 별 신경을 쓰지 않게 된다.

피라미드 사회에서 행복하게 살아가고 싶다면 무엇이든 상관없으니까 사회에서 '대단하다'는 말을 들을 수 있는, '넘버 원'(Number one)이라는 말을 들을 수 있는 것을 한 가지라도 갖춰야 한다. 그다음에 '온리 원'(Only one)의 세계로 들어가 경쟁사회에 존재하지만 세상의 평가와는 거리를 두고 살아간다. 이것이 내가 주장하는 멋진 삶으로 들어가는 방식이다.

'하지만 내게는 넘버 원이라는 말을 들을 수 있는 게 아무것도 없는데'라고 생각하는 분도 있을 것이다. 하지만 과연 그럴까? 그것이 쓰레기 줍기라면 어떨까. 여러분이 자기가 사는 지역에서 가장 쓰레기를 많이 줍는 사람이라면 그것으로 충분하다. 쓰레기 줍기는 마음만 먹으면 누구나 할 수 있다. ♪ 또는 하루 16시간 정도 쓰레기를 주워보면 어떨까. 쓰레기가 많은 장소라면 하루에 1만 개 정도의 쓰레기는 주울 수 있을 것이다. 나도 과거 최고로 쓰레기를 많이 주운 기록은 하루에 3000개 정도다. 1만 개는 다른 사람들이 볼 때 엄청나게 '대단한' 기록이다. 어쩌면 쓰레기 줍기 기네스북에 올라갈 수 있을지도 모른다. 아니 굳이 기네스북에 오를 필요도 없이 하루에 가장 많은 쓰레기를 주운 사람으로 본인을 인정할 수 있으면 된다.

'대단하다'는 삶에는 '결과'가 필요하다. 운동이건 비즈니스건 자아상이건. 그렇기 때문에 결과에 어느 정도 얽매이게 된다. 그러니까 일단 무엇이든 최고를 하나 만들어 자신감을 가져야 한다. 그렇게 되면 자기실현 프로세스를 즐기는 세계로 들어갈 수 있다. 이 세계에는 경쟁이 없다. 단지 나 스스로를 표현하는 세계다. '자기실현'이 아닌 '자기표현'의 세계다. 내가 쓰레기 줍기를 하고 싶으니까 할 뿐이다. 쓰레기를 줍는 것과 관련된 책을 쓰고 싶으니까 쓸 뿐이다. 일조차 자기표현이다. 판매 부수, 매상 등이 어느 정도 신경이 쓰이긴 하지만 그보다는 내가 진심으로 납득하고 표현하고 싶은 책을 쓴다. 그것이 목적이 되면 인생에 마법이 걸린 것처럼 즐거워진다.

쓰레기를 줍는 행위는 결과보다는 과정을 즐기는 세계다. 그리고 내가 하고 싶으니까 한다는 '자기표현'의 세계다. 쓰레기를 주우면 프로세스를 진심으로 즐기는 마법 같은 세계로 들어갈 수 있다. ♪

자연스럽게 콧노래가 나온다

내가 쓰는 문장을 처음 접하는 분은 위화감을 느낄 수 있다. 문장 안에 '♪'(음표)가 너무 많아서다.(웃음) 여기에는 나름대로 이유가 있다. 우리 회사에서는 챗워크라는 채팅 애플리케이션을 이용해서 소통한다. 업무 공유를 위해 '일지혁명'이라는 소프트웨어도 일부 병용한다. 어쨌든 문자를 이용한 커뮤니케이션이 매우 많다. 코로나를 경계로 얼굴을 마주하고 사람을 만나 커뮤니케이션을 주고받을 기회가 줄어들면서 문자를 이용한 커뮤니케이션은 더욱 증가했다. 하지만 문자를 이용한 커뮤니케이션은 뜻밖의 오해를 낳기도 한다.

예를 들어 사장인 내가 이모티콘 같은 도구를 이용하지

140

않고 단순히 "알겠습니다"라고 답장을 하면 어떻게 될까. 직원에 따라서는 '사장님은 마음에 안 드는 모양인데 뭐 기분 나쁜 일이라도 있나' 하고 쓸데없는 걱정을 하고 이런 걱정이 업무의 생산성을 떨어뜨린다.

나는 2022년 1월에 사장직에서 물러나 48세의 나이에 회장으로 '은거'했다. 너무 빠른 세미리타이어에 많은 동료들이 깜짝 놀랐지만 지금 나는 세미리타이어 라이프를 마음껏 즐긴다.♪ 내 뒤를 이어 사장 자리에 앉은 아라이 히데오 씨는 나보다 7억 배 이상 일을 잘하는 수재 타입의 사장님이다. 그의 가장 큰 결점은 외모가 무섭다는 것이다. 말없이 앉아 있으면 비즈니스계의 건달처럼 보인다. 언젠가 그런 그가 주고받는 채팅을 들여다보니 너무 무미건조해서 이런 조언을 했다.

"아라이 씨는 가뜩이나 인상이 무서우니까 직원들과 채팅으로 이야기를 주고받을 때는 문장 끝에 모두 음표를 한번 붙여 보십시오. 그렇게 하면 아라이 씨를 무서워하는 직원들이 줄어들 겁니다.♪"

순수한 그는 내 조언을 그대로 받아들여 실행했고 주고받는 문장이 상당히 부드러워졌다.

"알겠습니다♪", "진행해 주십시오♪", "감사합니다♪"라는 식으로 문장 끝에 모두 음표가 붙는다. 혹시 '♪'가 아니라 이모티콘을 사용하면 되지 않느냐고 말하는 분도 있을 수 있다. 그러나 이모티콘은 스마트폰이나 컴퓨터 등의 기종에 따라 사용할 수 없을 때도 있다. 그래서 모든 기종에서 100퍼센트 사용할 수 있는 '♪'를 붙인다.

나는 처음 인사하는 연상의 경영자에게도 '♪'를 붙여서 메일을 보내거나 채팅을 한다. 아마 대부분 당황하셨을 테지만 지적을 받아본 적은 한 번도 없기 때문에 나쁘지 않다고 생각한다.(웃음) 오히려 처음부터 친근감이 느껴지는 듯, 쉽게 진심을 터놓고 대화하게 된다.

문장에 음표를 붙이는 이유

문자를 이용한 커뮤니케이션에서 음표를 붙이는 것은 상대방에게 "나는 기분이 좋습니다. 나는 화나지 않았습니다. 그러니까 무슨 말씀이든 편하게 하십시오"라는 뜻을 전달하는 가장 간단한 방법이다. 아주 쉽게 상대방에게 심리적

안정감을 만들어 줄 수 있다. 그리고 여기에는 한 가지 더 중요한 이유가 있다.

문자에 음표를 붙이면 본인에게도 도움이 된다. 컴퓨터로 메일이나 채팅 문장을 치면서 '♪'를 붙이면 내 마음이 가벼워진다. 약간 기분 나쁜 일이 있어서 불쾌한 상태로 일을 하다가 메일이나 채팅을 한다고 하자. 그때 의도적으로 '♪'를 붙이면 나빴던 기분이 어느새 사라지고 가볍고 즐거운 기분으로 돌아온다. 즉 내가 사용한 음표로 스스로의 마음을 정돈한다.

나도 쓰레기 줍기와 관련된 이 원고를 어떤 의미에서 '필사적으로', '간바룸바'로 썼다. 하루에 약 3만 자의 원고를 작성하지만 그다지 지치지 않는다. 글을 작성하면서 문장 끝에 '♪'를 붙여 마음을 가볍게 만들기 때문이다. ♪ 이것이 음표의 가장 큰 효용이다. 여러분도 속는 셈 치고 시도해 보기 바란다. ♪ 지금은 우리 회사 직원들 대부분이 '♪'를 사용해서 일지를 작성한다. 하루를 돌아보며 본인의 마음을 정돈하는 가장 간단한 방법이라고 생각한다. 이것을 논문으로 써서 발표하면 노벨평화상을 받을 수 있을지도 모르겠다. ♪

덧붙여, 이미 눈치챘겠지만 '웃음'이라는 표현도 자주 사용한다. 이것 역시 일부러 사용하는 것이다. 어떤 이야기든 웃어넘기면 감정은 승화된다. 웃음은 매우 강력한 힘을 가졌다. 그렇기 때문에 굳이 '웃음'이라는 글자를 쓰면서 나 자신의 마이너스 감정이나 언뜻 불쾌하게 느껴지던 감정을 떨쳐내는 것이다. 나는 이것을 농담 삼아 '웃음으로 불행을 제거하는 기술'이라고 말하기도 한다.(웃음)

한숨을 콧노래로 바꾸다

내가 전설적인 경영자를 지향하면서 최선을 다해 노력할 무렵, 집으로 돌아오면 완전히 지친 상태였다. 직원들 앞에서는 나약한 소리를 하거나 한숨을 내쉬거나 하품을 하는 모습은 절대 보일 수 없었다. '이상적인 경영자'로 비치기를 바랐기 때문이다. 하지만 집으로 돌아오는 순간, 나도 모르게 한숨이 새어 나왔다. 16시간 쉬지 않고 일을 하는 동안 쌓였던 강렬한 피로감이 "휴…우!" 하는 깊은 한숨으로 새어 나왔다. 아내는 몇 번이나 그 부분을 지적했다. "집으로 돌아오자마자 내 앞에서 그렇게 한숨만 쉬어야 되겠어?"라고. 그래서 내가 집에서는 부정적인 모습을 보인다는 사실을 깨달았다. 의식하지 못한 행동이었기 때문에 전혀 자각하지 못했던 것이다. 그래서 집으로 돌아오는 차 안에서 미리 잔뜩 한숨을 쉬고, 집에서는 가능하면 한숨을 쉬지 않으려고 노력하게 됐다.(웃음)

그리고 또 연구한 것은 욕조에 몸을 담그고 일부러 콧노래를 부르는 것이다. 집으로 돌아오면 완전히 지쳐서 콧노래는커녕 몸을 가누기조차 힘들었다. 그러나 가만히 생각해 보니 직원들을 대상으로 연수를 할 때는 "감정은 만들어지는 것이 아니고 만드는 것입니다"라는 말을 자주 했다. 그런 말을 해놓고 나는 스스로 감정을 만들려고 노력하지 않는다니 그야말로 모순이었다. 그래서 이후에는 즐거운 기분, 좋은 기분을 만들기 위해 일부러 욕조 안에서 콧노래를 불렀더니 마음도 가벼워지고 몸도 가벼워졌다.

나중에 알게 된 사실이지만 본인의 신체 세포가 가장 원하는 소리는 좋아하는 가수의 노래나 음악이 아니라 바로 자신의 목소리라고 한다. 그렇기 때문에 본인의 목소리로 노래를 하거나 콧노래를 부르면 지쳐 있던 신체의 세포들이 원래대로 돌아오는 치유력이 발생한다고 한다. 덕분에 기분이 좋아질 수 있었지만 이번에는 아내가 "욕실에서 콧노래 좀 부르지 마. 시끄럽잖아"라고 또 다른 문제를 지적하기 시작했다.(웃음)

자연스럽게 흥얼거리다

욕조에서 노래를 부르는 것은 '일부러', '굳이', '의도적으로' 하는 행위다. 자연발생적인 것이 아니라 의도적으로 심리 상태를 좋게 만들기 위해 하는 행위다. 하지만 쓰레기 줍기를 시작한 이후 그런 상황이 바뀌었다. 쓰레기를 주우면 자연스럽게 콧노래가 나온다. ♪ 자연 발생적으로 몸속에서 소리가 나오는 것이다. ♪

거리를 걷다 보면 가끔 노래를 부르며 걷는 사람을 볼 수 있다. 그런 사람을 보고 뭔가 정신적으로 문제가 있는 위험한 사람이라고 생각할지 모른다. 나도 과거에는 그런 사람들을 보면 가까이 다가가지 않으려 했다. 하지만 지금은 내가 그런 위험한 사람이 됐다. 짝짝이 장갑을 끼고 핑크색 비닐봉투에 계속해서 뭔가를 주워 담으면서 콧노래를 흥얼거리니까. 그야말로 수상한 사람처럼 느껴지는 수상쩍은 행동이 아닐 수 없다.

가끔 수업을 마치고 집으로 돌아가는 아이들 무리와 마주칠 때가 있다. 쓰레기를 줍다가 고개를 들고 웃는 표정으로 아이들을 바라보면 아이들은 즉시 30센티 정도 더 멀어진다. 그리고 나와 눈이 마주친 순간 고개를 홱! 돌리고 재빨리 멀어져 간다. 엄마에게 "거리에서 수상한 사람을 보면 절대로 가까이 가면 안 된다"고 철저하게 교육을 받은 듯하다.(웃음)

다른 사람들이 본다면 나는 '약간 수상한 사람'이다. 하지만 내 입장에서는 "여러분들도 좀 더 자신의 기분을 정돈하기 위해 콧노래를 흥얼거려 보면 어떻겠습니까?"라고 말하고 싶다. 쓰레기를 줍지 않더라도 즐거우면 콧노래를 부르면 되고 음악을 흥얼거리면 된다. 집 안이건 집 밖이건. 덧붙여 나의 레퍼토리는 그 폭이 매우 넓어서 중년 가수의 사랑 노래부터 아이돌의 댄스곡까지 장르를 가리지 않는다. 가사는 전혀 외울 수 없기 때문에 전부 '흥흥흥'이다. 때론 엉터리 가사로 흥얼거리기도 한다. ♪

쓰레기를 줍기 시작한 초기에는 시간이 아까워서 경영 관련 팟캐스트 프로그램을 듣거나 내가 좋아하고 존경하는 고야마 노보루 사장님의 경영 상담 보이스메일을 들었다. 하지만 이것은 오히려 '시간을 더 아깝게 사용하는 것'이라는 사실을 알았다. 쓰레기 줍기의 본질은 '생각 멈춤', 뇌 안의 판단을 멈추고 생각을 멈추는 것이다. 그 결과 무아의 상태로 들어가면 자기 자신과 대화할 수 있고 뜻밖의 아이디어를 얻을 수 있다. 그런데 이어폰을 끼고 복잡한 정보를 들으면서 이것저것 생각하면 쓰레기 줍기의 가장 큰 성과라고 말할 수 있는 아이디어가 사라져 버린다.

콧노래를 부르는 사람은 기분이 좋을까, 나쁠까. 당연히 기분이 좋을 것이다. 기분이 좋지 않으면 콧노래를 부를 수 없다.

흔히 들을 수 있는 말이지만 몸과 마음은 연결돼 있어서 몸을 사용하는 방법, 움직이는 방법에 따라 마음의 상태도 바꿀 수 있다. 우리가 본인의 심리 상태를 바꾸려고 생각한다면 세 가지 방법이 있다.

첫 번째는 말을 바꾸는 것이다. 메일이나 채팅에서 음표를 사용한다거나 고맙다는 말을 틈이 있을 때마다 사용하는 것이 여기에 해당한다.

두 번째는 행동을 바꾸는 것이다. 가슴을 활짝 펴면 '자신감이 붙은' 상태를 만들 수 있다. 콧노래를 부르며 몸을 흔들면 마음의 바늘은 기분 좋은 방향을 가리키게 된다.

세 번째는 주변의 환경을 바꾸는 것이다. 본인의 책상을 깨끗하게 정돈하면 마음이 정리되는 것과 같다.

쓰레기 줍기가 가장 강력한 습관이라고 주장하는 내 입장에서 말한다면 쓰레기 줍기는 이 '마음을 바꾸는 세 가지 방법'의 관점에서 생각해도 가장 강력하다.♪ 우선 쓰레기를 주우면 음표가 자연스럽게 붙는다. 따라서 말을 하는 방법으로 심리 상태를 바꿀 수 있다. 또 쓰레기를 줍는다는 것은 밖으로 나가 몸을 움직인다는 뜻이다. 이렇게 신체를 사용하면 행동력, 즉 에너지가 넘치고 기분 좋은 심리 상태가 된다. 그리고 쓰레기를 주우면 내 눈에 들어오는 환경을 깨끗하게 정돈할 수 있다.

　여러분도 콧노래를 부르면서 쓰레기를 주워보면 어떨까. 기분 좋아지는 마법이 발동하는 것을 체감할 수 있을 것이다. ♪

눈앞의 행복을 깨닫는다

나는 자유인이다. 우리 집에서 333미터 거리에 본사가 있는데 나는 약 10년 전부터 본사에 출근하지 않았다. 상담 때문에 반드시 출근해야 할 필요가 있을 때만 간다. 내가 가면 직원들이 "무슨 일이십니까?", "이 문제는 어떻게 처리할까요?"라는 식으로 많은 질문을 던진다. 즉 내가 있으면 자립의 싹을 꺾어버리는 결과를 낳게 되기 때문에 가능하면 얼굴을 비추지 않고 필요한 내용은 채팅으로 주고받는다.

그렇다면 어디에서 일을 할까. 우리 집, 카페, 임대사무실, 상점가 등 여러 장소에서 일한다. 가장 좋아하는 장소는 우리 집과 카페다. 특히 자주 가는 곳이 집 바로 근처에 있는

'코히칸'이라는 카페다. 목적은 단 하나, 정적을 추구해서다. 아이들의 활발한 목소리와 울음소리, 또는 뛰어다니는 소리 등 소음이 난무하는 환경에서는 좀처럼 아이디어가 떠오르지 않고 일에 집중하기 어렵기 때문에 조용한 카페를 찾는다.

때로 갑자기 여행을 하고 싶어서 혼자 여행을 가기도 한다. 아내는 "당신은 정말 자유인이야"라고 불평을 하지만 흘려듣고 혼자만의 여행을 떠난다. 치바현 이누보사키나 아와지시마, 효고현 기노사키 온천, 니가타시, 나가노현 마쓰모토시, 고치현 아시즈리 곶, 고토열도 후쿠에지마 등 다양한 곳을 돌아다녔다. 어디를 가든 대부분 일을 하거나 쓰레기만 줍기 때문에 나는 여행을 갔을 때 오히려 일을 더 많이 한다.(웃음) 또 혼자 여행을 하면 음식을 별로 먹지 않기 때문에 에너지가 남아돌아 그만큼 일에 더 신경을 쓰는 선순환이 탄생한다.(웃음) 여행을 갈 때는 당연히 쓰레기 줍기용 봉투와 집게를 가지고 간다.

나가노 젠코지에 갔을 때의 일이다. 많은 사람들이 줄지어 참배를 기다렸다. 나는 참배를 하지 않고 그 사람들이 떨어뜨린 쓰레기를 주웠다. 여행을 하면서 사회에 공헌도 할 수 있어서 '좋은 일을 했어♪'라는 뿌듯한 마음으로 관광을 할 수 있었다.♪ 어떤 의미에서 보면 봉사활동에 시간을 쓴 것이니까.

여행을 가면 거의 하루 종일 일을 한다. 직원들의 일지를 읽고 경영을 개선하기 위한 아이디어를 쥐어짜는 것이 나의 주된 일이다. 이것은 오전 중 에너지가 가장 높은 시간을 이용해야 이상적이다. 그리고 어느 정도 일에 지치면 쓰레기를 줍는다. 이것이 또 바람직한 휴식이 된다. 내 입장에서는 기분 전환이다. 특히 아이디어가 떠오르지 않을 때는 최고다. 그때의 문제의식에 맞춰 생각지도 않았던 뜻밖의 아이디어가 떠오르기도 한다. 덧붙여 보통 가볍게 사용하는 '기분 전환'이라는 말이야말로 사실은 '아이디어 전환'이다. 불쾌한 마음을 유쾌한 마음으로 바꿔주는 것이 '아이디어 전환'이고 이를 만드는 가장 강력한 습관이 쓰레기 줍기다.

니가타역 앞에 1박에 3800엔을 받는 비즈니스호텔에서 혼자 약 5일 동안 경영계획서를 작성한 적이 있다. 일이 잘 진행되지 않으면 시내를 산책하면서 대량의 쓰레기를 주워 호텔로 돌아왔다. 그리고 호텔 스파에 들어가 몸과 마음을 상쾌하게 씻어낸 후에 다시 일을 시작했다. 또 호텔 안에서 일을 하다가 지치면 근처의 카페로 향했다. 카페로 향하는 도중에도 당연히 쓰레기를 주웠다. 카페에서는 담배꽁초의 희미한 냄새를 즐기며 일을 했다. 돌아올 즈음에는 완전히 어두워지지만 역 주변은 밝은 곳이 많기 때문에 또 쓰레기를 주우면서 호텔로 돌아와 다시 일을 시작했다. 그야말로 일과 쓰레기 줍기를 끊임없이 반복하는 일과 취미의 순환이었다. 말할 필요도 없이 쓰레기를 주우면 가벼운 운동도 되기 때문에 쓰레기를 주운 뒤에는 뇌의 성능도 올라간다.

돈을 주울 때도 있지만

"쓰레기 줍기를 하다 보면 돈을 주울 때도 있지 않습니까? 지금까지 쓰레기를 100만 개나 주웠다고 하셨는데 그 금액을 모두 합치면 얼마나 됩니까?"라는 질문을 자주 받는다. 결론부터 말하면 합계 7만 4333엔 정도다.

8년 동안 쓰레기를 주웠는데 가장 크게 주웠던 돈은 7만 엔이다. 당시 도쿄 시부야의 컨설턴트를 만나기 위해 차를 몰고 갔을 때, 코인 주차장 2층에서 주웠다. 금액이 크기 때문에 나의 주소와 연락처를 써서 주차장 관리인에게 맡겼는데 지금까지 아무런 연락이 없는 것을 보면 돈이 궁했던 관리인이 중간에 가로챈 듯하다.(웃음) 뭐 어떤가. 필요한 사람이 사용했다면 그것으로 충분하다.

두 번째는 근처 이자카야가 있는 골목에서 주운 3000엔이다. 이때는 이 3000엔을 세븐일레븐의 모금함에 집어넣은 기억이 있다.

세 번째는 1000엔이다. 이것 역시 어딘가 길가에서 주웠다. 그 밖의 돈은 압도적으로 1엔짜리 동전이 가장 많다. 특히 자동차나 자전거 또는 발에 밟혀 지저분해진 1엔짜리 동전. 그제도 현도 2호선 근처에서 쓰레기를 줍는데 흙투성이가 된 1엔짜리 동전이 보였다.

"7만 엔이나 주울 때도 있다니, 역시 쓰레기 줍기는 도움이 되는군요"라고 우스갯말을 하는 분들이 있는데 비용 대비 효과를 생각하면 엄청난 마이너스다.

내가 8년 동안 주운 쓰레기 중에서 돈은 7만 4333엔이다. 한편 쓰레기 줍기에 소비한 시간은 쓰레기 한 개를 줍는 시간이 평균 20초이니까 100만 개를 곱하면 총 2000만 초. 시간으로 환산하면 약 5555시간. 7만 4333엔÷5555를 계산하면 시급 약 13엔짜리 일이다. '쓰레기 줍기를 하면 돈을 주워 부

자가 될지도 모른다'는 기대를 하는 사람이 있다면 그런 망상은 당장 버리기 바란다.(웃음)

'발치의 행복'을 깨닫다

쓰레기 줍기에 실리적 효용이 없다면 다른 효용은 없을까. 대표적인 효용 중 하나가 발치의 행복을 깨닫는 것이다. 나는 쓰레기 줍기를 하기 전까지 식물에 전혀 흥미가 없었다. 춘하추동 관계없이 일만 생각했기 때문에 기껏해야 벚꽃이 피는 계절에 근처 벚꽃 명소로 가족과 함께 놀러 간 정도의 기억만 있을 뿐이다. '현재를 즐긴다'거나 '꽃을 사랑한다'는 생활과는 전혀 관계가 없었다. 꽃을 보면서도 경영과제나 회사의 미래를 생각하는 식으로 마음은 다른 곳에 있는 상태였다. 아내는 몇 번이나 "당신은 너무 바쁘게 살아"라고 말해 줬다.

그런데 쓰레기 줍기를 하면서 변화가 찾아왔다. 쓰레기 줍기를 하면 자연스럽게 발치를 바라보게 된다. 그럴 때 '아무런 생각 없이 수백 번이나 지나쳤던 이 현도 2호선에 꽃밭

이 있었구나'라는 사실을 깨닫는다. 9월 하순부터 10월은 1년 중에서 내가 가장 좋아하는 계절이다. 금계목 향기가 지역 전체에 떠돈다. 근처에 나의 모교인 현립 오타고등학교가 있는데 그 고등학교 남쪽 골목과 선로 사이가 쓰레기 줍기 명소다. 약간 그늘이 졌기 때문에 큰 쓰레기도 버리기 쉬운 듯 나무들 사이에 많은 쓰레기들이 버려져 있다. 이 계절이 되면 금계목 향기를 맡고 싶어서 일부러 이곳으로 쓰레기를 주우러 가는 날이 있을 정도다. 그야말로 행복한 시간이다.

이곳에서 쓰레기를 줍다 보면 동일본대지진의 복구지원 노래였던 〈꽃은 핀다〉라는 노래가 자연스럽게 입 밖으로 새어 나와 콧노래로 흥얼거린다.

꽃은, 꽃은, 꽃은 핀다. 언젠가 태어날 너를 위해

쓰레기 줍기를 시작한 이후부터 굳이 전국을 돌아다니지 않아도, 전 세계를 돌아다니지 않아도 나의 발치에 늘 행복이 떨어져 있다는 사실을 깨달았다. 얼마 전에도 이 책을 쓰기 위해 렌터카를 빌려 도치기현 닛코까지 고속도로를 달렸다. 가와바타 야스나리 씨 같은 문호처럼 온천을 빌려 붓이 아닌 키보드를 두드리며 집필할 생각이었다.

하지만 실제로 현지에 도착해 보니 영 마음이 내키질 않았다. 그래서 새삼 행복은 내가 있는 장소, 쓰레기 줍기를 할 수 있는 장소, 내 발치에 있는 것이라는 사실을 깨달았다. 또 쓰레기 줍기를 시작한 이후 '가고 싶은 장소는 어디에도 없다'고 말할 수 있을 정도로 내가 현재에 만족감을 느낀다는 사실도 깨닫게 됐다.

담담히 싱글벙글 살랑살랑 묵묵히

심리적으로 여유가 있을 때는 쓰레기를 주우면서 꽃과 대화를 나누기도 한다. "오, 민들레. 드디어 만났구나. 너 여기 있었니? 정말 만나고 싶었어."(웃음) 어디까지나 마음속으로. ♪

최근에도 근처의 집 화단 한쪽에 이름 모를 노란색 꽃이 핀 것을 보고 감동을 받아 "너희들 정말 예쁘다!"라고 진심을 담아 말을 걸었다. 일부러 멀리 떨어진 이바라기현 히타치해변공원에 가지 않아도 이렇게 멋진 꽃밭이 눈앞에 펼쳐져 있지 않은가.

꽃을 보면 나도 모르게 부르고 싶어지는 또 하나의 곡이 아타리 고스케 씨의 〈꽃〉이라는 노래다. 가요 프로그램인 〈가라오케 배틀〉에서 기즈키 미나미 씨가 이 노래를 불렀는데 그때 듣고 좋아하게 됐다. 그 후로 수백 번이나 기즈키 미나미 씨의 〈꽃〉을 반복해서 들었다.

이 노래에 멋진 가사가 있다.

꽃처럼, 꽃처럼 그저 바람에 흔들릴 뿐인 이 생명
… 사람은 모두, 사람은 모두, 대지를 강하게 밟고 서서
각자의 꽃을 마음에 들인다

쓰레기를 줍다가 꽃을 보면 문득 이 가사가 떠오른다. 꽃은 스스로 움직일 수 없기 때문에 강한 바람이 불어도 뿌리로 버티고 서서 단지 흔들릴 뿐이다. 하지만 동시에 강하게 뿌리를 뻗고 살기 위해 필사적으로 발버둥 치는 것처럼 보인다. 사람도 그렇다. 사회의 거친 풍파에 흔들리면서도 자신을 잃지 않고 두 다리로 강하게 버티고 서서 스스로를 지탱한다.

쓰레기 줍기도 마찬가지다. 날씨에 어느 정도 좌우되기

는 하지만 덥건 춥건, 바람이 불건 불지 않건 그저 묵묵히 쓰레기를 줍는다. 마치 대지를 강하게 밟고 서서 자신을 표현하기 위해, 자신의 꽃을 피우기 위해 묵묵히 버티는 꽃과 같다.

담담히 싱글벙글 살랑살랑 묵묵히

꽃의 삶은 작가 고바야시 세이칸 씨가 말하는 '담담히, 싱글벙글, 살랑살랑, 묵묵히' 즐겁게 살아가는 법칙을 그대로 체현하는 것처럼 느껴진다. 고바야시 세이칸 씨는 이기적이면서 자기 생각대로 사는 것보다 흐름에 맡기고 살아가면 편하게 살 수 있다고 이야기한다. 그것을 구체적인 네 가지로 정리한 것이 '담담히, 싱글벙글, 살랑살랑, 묵묵히'다. 꽃은 그저 담담히 핀다. 꽃이 피는 모습은 마치 싱글벙글 미소를 짓는 듯하다. 그리고 살랑살랑 바람에 흔들리고 비를 맞으며 물 흐르는 대로 살아가면서 묵묵히, 조용히 변화를 견디고 즐긴다.

인간의 삶에서 꽃 같은 삶을 찾는다면 쓰레기를 줍는 행위야말로 가장 비슷하다. 쓰레기 줍기는 떨어진 쓰레기를 그저 담담히 줍는 작업이다. 기분 좋게 싱글벙글 웃으면서. 쓰레기를 줍는 나를 보면 사람들은 틀림없이 이렇게 생각할 것이다. '도대체 무슨 생각을 하는지 알 수가 없어'라고. 이것이 '살랑살랑'이다. 노장사상에서 말하는 물 같은 삶이다. "최고의 선(善)은 물과 같다. 물은 뭇 사람들이 싫어하는 곳에 자리한다"고 한다. 쓰레기는 가장 낮은 장소에 모인다. 즉 사람들이 싫어하는 장소에 있다. 그곳에 발을 들여놓고 쓰레기를 줍는다는 것은 '상선약수'의 물 같은 삶을 체현하는 것이다. 그리고 묵묵히 쓰레기를 줍는다. 때로 콧노래를 부르면서.(웃음)

무조건 '좋은 사람'이라는
인상을 준다

나는 어디를 가더라도 쓰레기를 줍기 위한 집게를 가지고 다닌다. 길을 걸을 때는 오른손에, 자전거를 타고 이동할 때는 뒤쪽의 바구니에 마치 꼬리처럼 찔러 넣고, 전철을 탈 때는 안테나처럼 가방에 꽂아서 다닌다. 국내 여행은 물론이고 외국으로 여행을 가더라도 쓰레기를 줍기 위한 집게는 항상 휴대한다. 전 세계를 돌아다니면서 쓰레기를 주워보면 그 나라의 생활을 알 수 있기 때문에 매우 흥미롭고 재미있다.

6개월에 360만 엔이나 하는 영어학원에 다닌 적이 있다. 2016년, "이 학원을 다니면 생초보라도 영어를 잘할 수 있게 됩니다"라는 말을 듣고 다니기 시작했다. 이 학원의 졸업시험은 필리핀 마닐라로 가서 현지인에게 닥치는 대로 말을 걸어보기였다. 그때도 틈 날 때마다 집게를 들고 마닐라 거리를 돌아다녔는데 번화가에서 한 블록 안쪽으로 들어가니 그야말로 쓰레기 천지였다. 아무리 내가 쓰레기 줍는 일을 좋아한다고 해도 보는 순간 자신감을 잃어버릴 정도로 엄청난 양에 완전히 압도당했다.

좋은 일에 초대받기도 한다

마카오에 경영 연수를 갔을 때도 쓰레기 줍기용 집게를 가지고 갔다. 어느 날 음식점에서 식사를 하려니 주최 측 사원이 버스에 연락을 늦게 한 듯 50분 후에나 버스가 도착한다는 소식이 들려왔다. 각자 자기 사업을 하는 참가자들은 불만에 가득 찬 표정을 지었고 주최한 회사의 사원은 얼굴이 새파랗게 질려 이러지도 저러지도 못하는 모습이었다. 하지만 나는 태연하게 집게를 꺼내 즉시 쓰레기를 줍기 시작했다. 마카오 거리도 쓰레기가 많아 쓰레기 줍기에 안성맞춤이었다.

그러자 주변에 있던 몇 참가자들이 다가와 "당신은 늘 이런 식으로 쓰레기를 줍습니까? 정말 훌륭하시군요"라거나 "사진 한 장 찍어도 되겠습니까? 정말 감동했습니다!"라고 말을 걸어 즉시 인기인을 만들어 줬다. 어떤 사람은 "당신은 정말 훌륭한 분이네요. 괜찮다면 이것 좀 드시지요"라며 간식을 사줬다.(웃음)

또 후나이종합연구소의 중진 컨설턴트인 미우라 고지 씨는 뜻밖의 제안을 해줬다. "우리 스터디 모임에서 전국의 놀라운 기업 투어가 있습니다. 기본적으로 이 투어는 이미 인원이 차서 새로운 분들을 영입하지 않습니다만 특별히 초대하고 싶군요. 요시카와 씨가 쓰레기를 줍는 모습을 보고 느낀 점이 있습니다." 전국의 놀라운 기업들을 시찰하는 투어라니. 이제 이 연수 투어는 내 삶의 즐거움 중 하나가 됐다. 물론 이 여행을 할 때도 항상 집게를 들고 다닌다.

쓰레기를 줍는 모습을 보고 사람들이 나를 신용하게 되면서 이른바 '좋은 일'이 발생한 예다.

뉴욕에 갔을 때 이런 일이 있었다. 시차 때문에 너무 일찍 일어나서 새벽에 맨해튼에 위치한 호텔을 나와 쓰레기를 줍기 시작했다. 뉴욕은 교통체증이 매우 심해서 자동차에서 쓰레기를 버리는 사람이 많은 듯 도로는 온통 쓰레기투성이였다. 아직 이른 아침이라 자동차는 거의 보이지 않았기 때문에 차도로 나가 쓰레기를 주웠다. 덧붙여 뉴욕에서 발견한 새로운 쓰레기는 주삿바늘이다. 어디에 사용했는지는 충분히 상상할 수 있을 것이다. 그날은 세 개 정도를 발견했다.

한편 길가로 눈길을 주자 갈색 풍선 같은 것이 보였다. 가까이 다가가 보니 비닐봉투 안에 갈색 액체가 들었고 윗부분은 묶여 있었다. '이것도 쓰레기인가? 그래, 뭐 일단 주워보자'라는 생각으로 집어 들다가 실수로 풍선을 땅에 떨어뜨렸는데 그 순간 봉투가 찢어지면서 내용물이 내 발까지 튀며 강한 냄새가 풍겼다. "아오! 뭐야! 이거 오줌이야?" 한껏 표정을 찡그리려니 앞에서 로드바이크를 탄 존 레논 같은 장발의 남성이 "God bless you ♪"(신의 가호가 있기를)라고 말하며 시원하게 사라져 갔다. 나중에 들어보니 뉴욕은 교통체증이 너무 심하고 화장실이 없는 음식점도 많기 때문에 자동차 안에서 비닐봉투에 소변을 보고 자동차 밖으로 던져버리는 일이 많다고 했다. 나는 옷을 별로 가지고 가지 않았기 때문에 그 후 상당히 곤란한 상황에 처했다. 하지만 시간이 지나 생각해 보니 쓰레기 줍기와 관련된 재미있는 에피소드를 선물받은, 나름 괜찮은 여행이었다.

집게를 들고 비행기를 타면

비행기 수하물 검사를 통과할 때는 반드시 쓰레기 줍기용 집게에 관하여 "이건 뭡니까?"라는 질문을 받는다. 언뜻 둔기로 보이기 때문이다. "이건 뭡니까?"라는 질문에 "쓰레기를 줍는 집게입니다"라고 대답하면 국내에서는 무리 없이 통과된다. 언젠가 외국 공항에서 그런 질문을 받고 내가 뭐라고 대답해야 좋을지 생각하는 동안 뒤에 있던 일행이 "He is volunteer!"(그는 자원봉사자예요!)라고 말하자 쉽게 통과시켜 줬다. 이 경험에서 '나의 외모가 언뜻 봐도 착해 보이니까 쉽게 통과된 거야'라는 가설을 세웠다.(웃음) 그리고 그 가설을 실험

해 보고 싶어졌다.(웃음)

언젠가 사원들과 함께 한국으로 여행을 갔을 때 하마라는 이름의 강한 인상을 가진 50대 남성 사원에게 나의 집게를 주고 인천국제공항 수하물 검사를 통과하게 해봤다. 그러자 공항 직원은 하마 씨를 의심하고 집요하게 조사하며 10분 정도 문답을 주고받았다. 수하물 검사를 받을 때 가뜩이나 긴장한 하마 씨의 얼굴이 더욱 긴장되면서 테러리스트처럼 보였는지도 모른다. 나와 몇 명의 사원들은 하마 씨의 수하물 검사를 지켜보면서 폭소를 터뜨렸다.(웃음) 나는 "봐, 내 인상이 좋다는 사실이 증명됐지?"라는 자신만만한 표정으로 미소를 지어 보였다.(웃음)

간신히 검사를 끝마친 하마 씨는 잔뜩 실망한 표정이었다. 꽤 화가 난 듯했다. 공항 라운지에서 그가 좋아하는 맥주를 두 잔 대접했더니 그제야 미소를 지어 보였다.(웃음) 덧붙여 하마 씨는 그래도 나를 계속 좋아해 줬다. 그래서 얼마 전 "M&A를 하면서 하마 씨라는 멋진 인재를 만난 건 정말 행운입니다. 하마 씨와 함께 일하게 돼 정말 행복합니다"라고 감사 카드를 보냈다. 하마 씨는 그 카드를 연로하신 아버지에게도 보여드릴 정도로 기뻐해 줬다.

우리 집 근처에 고메다커피라는 카페가 있다. 손님이 꽤 많은 카페다. 손님이 많은 가게 주변에는 대부분 쓰레기가 많다. '아무리 그래도 주차장 정도는 청소를 해놔야 하는 것 아냐?'라고 생각할 수 있지만 대부분 적은 인원으로 큰 매장, 많은 고객을 상대하다 보니 외부의 주차장까지 손이 가기는 쉽지 않다. 나는 소매점 경영자로서 그런 사정을 뼈아플 정도로 잘 안다.

한편, 나는 한 번 고메다커피에 들어가면 길게는 6시간 정도 머무르기도 한다(반드시 세 잔 이상은 주문한다). 그래서 감사하는 마음도 포함해 들어가기 전에 주차장의 쓰레기를 줍는다. 덧붙여 이 고메다커피는 주차장이 항상 가득 차기 때문에 자동차가 아닌 자전거를 이용해 주차 대수를 줄이는 데도 협력한다.

인기 있는 카페에 가면 좋은 자리를 얻기 위해 쟁탈전을 벌이는 손님들이 있다. 그들은 자동차에서 내리자마자 즉시 가게 안으로 달려 들어간다. 그 마음은 충분히 이해하지만 이것은 경쟁 심리다. 그리고 자신이 원하는 자리에 앉겠다는 이기심의 작동이다. 따라서 그다지 평온한 상태라고 말하기 어렵다. 반면에 나는 뒤에 오는 사람들이 먼저 카페로 들어가도 여유로운 마음으로 흐름에 몸을 맡기고 쓰레기를 줍는다.

쓰레기를 줍다 보면 마음에 여유가 생긴다. '이렇게 좋은 일을 하니까 반드시 좋은 자리가 준비돼 있을 거야'라는 강한 믿음이 생긴다. 때로 매우 불편한 자리에 앉게 되는 때가 있는데 그런 자리도 막상 앉아보면 결과적으로 일에 도움이 되거나 이웃 테이블의 대화에서 귀중한 비즈니스 정보를 얻는 등 대부분 좋은 결과를 얻는다. 그래서 '그래. 흐름에 맡겨두는 게 가장 좋아. 오늘 이 자리도 불편해 보였지만 결과적으로 의미가 있었잖아. 최고였어'라고 하늘의 배려에 감사한다.♪ 이것이 좋은 일이 발생하는 메커니즘이다.

사실 좋은 일은 '발생하는 것'이 아니다. 모든 현상은 플러스-마이너스 제로이며 그 현상 자체에는 좋은 일도 나쁜 일도 없다.

예를 들어 '이기심이 작동해 자신이 원하는 대로 하려고 할 때', 경치가 좋은 창가 좌석에 앉으면 '좋은 일이 발생한 것'이 된다. 한편 경치가 그다지 좋지 않은 자리에 앉게 되면 '나쁜 일이 발생한 것'이 된다. 따라서 좋은 일이 발생할 확률은 5대 5다.

　이번에는 이기심이 작용하지 않고 '흐름에 맡기는 때'를 생각해 보자. 경치가 좋은 창가 좌석에 앉게 된다면 '최고야! 정말 좋은데!'라고 생각한다. 그리고 만약 경치가 나쁜 좌석이라면 '창가의 좋은 자리에 앉은 저 가족들이 아름다운 경치를 즐기게 됐어. 그래, 이것도 나쁘지 않아'라거나, '나는 왜 이 자리에 앉게 됐을까? 어떤 즐거움을 주려고 나를 이 자리에 앉혔을까?'라는 식으로 가슴 설레며 기대하게 된다. 그럴 때는 뭐든 '좋은 일'이라고 해석할 확률이 높아지기 때문에 '좋은 일이 발생하기 쉬워지는 것'이다.

잃어버린 집게를 찾으러 갔더니

　최근에는 카페에서 담배를 피울 수 없는 가게들이 증가했기 때문인지 주차장이 흡연 장소로 바뀌어 담배꽁초가 엄청나게 떨어져 있다. 나는 그 담배꽁초들을 줍는다. 고메다커피는 교통량이 많은 교차로에 위치했기 때문에 쓰레기가 정말 많다. 주차장 주변을 한 바퀴 돌면서 쓰레기를 주운 뒤 입구로 들어가면 문 너머에서 쓰레기를 줍는 모습을 지켜보던 점원이 "동쪽 담 밑에 (쓰레기가) 훨씬 더 많습니다"라고 말을 걸어온다.(웃음)

아마 점원들끼리 이런 대화를 나눌 것이다. "늘 몇 시간씩 앉아서 컴퓨터를 두드리는 사람 있잖아? 그 사람이 우리 주차장 쓰레기를 모두 치워줬어. 정말 좋은 사람이야"라고.

그런데 언젠가 집게를 가게 안에 둔 채 잊어버리고 나온 적이 있다. 그래서 집게를 찾으러 갔더니 집게에 이런 메모지가 붙어 있었다.

성실한 사람

'쓰레기를 주워주는 사람'이라고 적었을 줄 알았더니 나는 단순히 '성실한 사람'이었다. 아마 '지저분한 쓰레기를 깨끗하게 치워주는 성실한 사람'이라는 의미일 것이라고 해석하고 오늘도 카페의 주차장을 깨끗하게 청소한다. ♪

나가사키현에 '안데르센'이라는 특이한 카페가 있다. 마술을 보여주는 카페인데 마술의 영역을 훨씬 뛰어넘는 초능력이다. 처음에 봤을 때는 너무 놀라 정말 넋을 잃을 정도였다. 그 쇼를 보러 가는 '스피리추얼 투어'가 있어서 나가사키를 방문했다.

앞에서 설명한 대로 나는 스피리추얼(정신세계)과 머티리얼(물질세계) 양쪽을 모두 즐긴다. 그리고 양쪽과 관련된 지인들을 많이 안다. 그런데 스피리추얼에 지나치게 심취한 사람을 보면 '땅에 발이 붙어 있지 않은' 듯한 인상을 받는다. 그들은 자신의 몸이 솔직하게 원하는 음식을 참고 희생해서 편향적인 식성을 추구할 때도 있다. 또는 자신의 본업은 등한시하고 세계평화를 위한 활동에 매진하는 사람도 볼 수 있다. 또하나의 특징으로 돈을 너무 중시하는 건 바람직하지 않다는 생각에 언제나 돈에 담백한 모습을 보인다.

내가 말하는 스피리추얼은 '생활을 즐긴다', '기분 좋게 산다'는 식으로 '정신 상태'를 우선하는 삶이다. 내가 즐거우면 되는 것이다. 그런데 스피리추얼을 좇으며 자기희생이나 인내에 에너지를 소비하는 사람들이 많다. 이것은 내가 말하는 스피리추얼한 삶이 아니다.

이야기를 되돌려 보자. 그 투어에서는 '안데르센'에 가기 전에 바위가 많고 아름다워 '파워 스폿'으로 불리는 장소에 들르는, 약간 스피리추얼한 여정이 있었다. 그런데 나는 이른바 파워 스폿의 '느낌'을 거의 받을 수 없었기 때문에 여느 때처럼 조용히 쓰레기만 주웠다. 그러자 참가자 중 한 명이 조심스럽게 질문을 던졌다. "저, 아까부터 궁금했는데 지금 뭘 하시는 거예요?"라고. 그래서 "아, 쓰레기를 줍는 겁니다. 나가사키까지 비행기를 타고 와서 이곳 공기를 오염시켰으니까 조금이라도 그 보답을 하려고요"라고 여느 때보다 신경을 써서 재미있게 대답해 봤다.(웃음)

그러자 "네? 정말 훌륭하십니다. 아까부터 뭘 하시는지 궁금했는데 쓰레기를 줍고 계셨군요"라는 이야기를 들었다.

나는 잠자코 있으면 말을 건네기 어려운 분위기가 풍기

173

는 듯하다. 어쨌든 자칭 쓰레기 줍기의 '선인'이니까.(웃음) 사람들은 보통 파워 스폿에 관심을 가지지만 나는 쓰레기 줍기를 하면서 나 스스로를 파워 스폿으로 만드는 데 열중한다.

파워 스폿 순례도 좋지만 본인 스스로를 파워 스폿으로 만드는 삶도 꽤 멋지다. 쓰레기 줍기를 하면서 스스로를 정돈하고 기분 좋게 만들면 마음에 여유가 생긴다. 마음에 여유가 생기면 누구나 따뜻하고 상냥한 마음을 가질 수 있다. 이것이 인간 파워 스폿이 탄생하는 과정이다. ♪ 덧붙여 앞에서 소개한 대화 패턴은 다른 장소에서도 몇 번이나 경험했다.

오타시에는 표고 230미터 가나산이 있다. 평일에 이 산에 가보면 만나는 사람들 대부분이 실버 세대다. 대부분 손에 등산용 지팡이를 들고 다닌다. 그런데 내가 집게를 들고 쓰레기를 주우면서 산을 오르면 연상의 등산객들이 크게 환영을 해준다.

"세상에, 이렇게 젊은 사람이 쓰레기를 줍다니! 너무 훌륭해요!"

고속도로 휴게소에서 쓰레기를 주워도 이런 식으로 말을 걸어주는 어르신들이 많다.(웃음)

쓰레기를 주우면 왜 좋은 사람이라는 인상을 주게 되는 것일까. 그것은 어린 시절부터 "길에 쓰레기가 떨어져 있으면 주워야 한다", "우리 지역을 깨끗하게 유지해야 한다"는 식의 교육을 받았기 때문이다. 사람들 대부분의 머릿속에는 '쓰레기를 줍는 것은 좋은 행위'라는 집합의식이 각인돼 있다. 그렇기 때문에 교육에 열성적인 교육자나 경영자일수록 쓰레기를 줍는 행위를 좋아한다. 얼마 전에도 오키나와에서 처음 만난 고등학교 교사인 남성과 함께 어떤 투어에 참가했는데 투어 도중에 내가 쓰레기를 줍는 모습을 보고 크게 감동을 받았는지 즉시 내 제자가 됐다.(웃음) 또 '스트레스 매니지먼트'를 가르치는 한 여성은 "저는 오키나와에서 고등학생들을 대상으로 수업을 진행해요. 그 수업에 참석해서 한마디 해주시지 않을래요? 쓰레기 줍기 활동은 정말 훌륭한 활동이라고 생각해요. 하지만 강연료는 거의 없다고 생각하셔야 해요. 아까 강연료는 333엔이라고 말씀하셨지요?"라고 강연을 부탁했다. 경영자를 대상으로 하는 세미나에서는 값비싼 수강료를 받지만 학생을 대상으로 할 때는 액수는 상관없다. 자기

175

희생이 아니라 어디까지나 나를 즐겁게 표현하는 자기표현의 일환으로 하는 것이니까.

우리 회사에는 도쿠도메 가즈마 씨라는 우수한 프로그래머가 있다. 언젠가 회사의 CTO(최고기술책임자)가 될 인재다. 우리 회사의 일지혁명, 온라인 경영계획서, 실행혁명이라는 소프트웨어는 내가 머릿속으로 그린 것을 그가 중심이 돼 코드를 쓰고 실제 소프트웨어로 만들었다. 인재 시장에서는 항상 프로그래머 쟁탈전이 벌어지는데 그도 수많은 회사에서 헤드헌팅을 받는다. 그런 그가 이런 에피소드를 들려줬다.

어느 날, 그는 본사 사무실에서 일을 하다가 점심시간에 근처 음식점으로 식사를 하러 갔다. 가는 길에 교차로 반대쪽에 집게를 들고 쓰레기를 줍는 사람이 보였다. 눈을 비비고 자세히 보니 '자신이 일하는 회사의 사장'이었다. 쓰레기를 줍는다는 말을 들은 적은 있지만 정말 쓰레기를 줍는 모습을 보고 크게 감동한 그는 이렇게 생각했다.

'연 매출 40억 엔이 넘는 회사의 사장이 머리를 숙이고 쓰레기를 주워. 이 사장님 밑에서 일한다면 안심할 수 있겠어. 회사는 절대 이상한 방향으로 가지 않을 거야. 무엇보다 믿을 수 있어.'

그 결과 '나는 요시카와 사장님이 있는 이 회사에 계속 다닐 거야'라고 결심했다고 한다.

가즈마 씨는 지금도 우리 회사에서 '뛰어난 인재'로서 크게 활약한다. 그가 만든 소프트웨어로 얻는 수익은 앞으로 수억 엔에 이르지 않을까. 만약 쓰레기를 줍는 것만으로 직원이 사장을 믿어주고 회사에 대한 충성심이 올라간다면 비용 대비 효과가 이 정도로 높은 행위는 없을 것이다.

본의 아니게 미담이 만들어지기도

코로나 이전에는 술을 마시면 대리운전을 자주 이용했다. 군마현은 자동차 사회이기 때문에 자차를 가지고 가서 술을 마시면 대리운전기사를 불러 집으로 돌아온다.

그런데 어느 날 대리운전 회사에 전화를 걸었더니 "오늘은 금요일이기 때문에 바빠서 30분 정도는 기다리셔야 합니다"라는 말이 돌아왔다. 나는 "알겠습니다"라고 대답한 뒤에 구마가야역 앞 주차장에 세워둔 차에서 쓰레기 줍기용 집게와 봉투를 꺼내 쓰레기를 줍기 시작했다. 역 앞 주차장은 쓰레기 줍기의 성지다. 그야말로 엄청난 양의 쓰레기가 떨어져 있다. 쓰레기를 일부러 자동차에 싣고 집까지 가져가고 싶지 않아서 주차장에 그대로 버려두고 가는 사람이 많은 듯하다.

그렇게 쓰레기를 줍기 시작한 지 약 50분 정도가 지나자 대리기사님이 찾아왔다. 나중에 들은 이야기이지만 그는 당시에 상당히 위축돼 있었다고 한다. "사장님이 프리마베라는 우리 회사의 가장 큰 고객이니까 반드시 30분 안에 도착해야 한다고 하셨거든요. 그런데 전화를 받은 지 1시간이나 걸려서 도착했기 때문에 틀림없이 화를 낼 것이라고 생각했어요."

하지만 그가 내 차가 있는 장소까지 와보니 전조등은 켜진 상태인데 내가 보이지 않았다. 그래서 주변을 둘러보니 전조등 불빛 끝에 양복을 입고 얼큰하게 취한 남성이 정신없이 쓰레기를 줍는 모습이 눈에 들어왔다고 한다.

이것은 나중에 우리 회사 직원에게 들은 얘기다. 대리운전기사님은 나를 발견한 순간 "그때는 너무 감동해서 눈물이 나올 뻔했습니다"라고 말했다고 한다. 혹시라도 화를 내면서 "다시는 당신 회사를 이용하지 않을 겁니다!"라는 말이라도 들으면 어떻게 해야 좋을지 걱정을 했는데 대리기사를 부른 사람이 신나게 쓰레기를 줍는 중었으니까. 더구나 만나자마자 "아. 기사님이 늦게 온 덕분에 이것 보십시오. 쓰레기를 세 봉투나 주울 수 있었습니다♪"라며 활짝 웃었다는 것이다. 늦은 것에 대해서는 전혀 불만 없이. 그래서 그는 '이 사람은 정말 그릇이 큰 사람이야. 훌륭한 사장님이야'라고 생각했다고 한다.

한편, 이 대리운전기사님은 그 후에 감사하게도 나의 스토리텔러가 돼줬다. 일을 하다가 우리 회사 직원을 만나면 "그 회사 사장님은 정말 훌륭하신 분입니다. 전에 구마가야역에서 사장님을 처음 만났을 때…"라며 나와의 에피소드를 사원들에게 전해 주는 것이다. 이런 스토리 덕분인지 직원 만족도가 매우 높은 회사가 됐다.

군마현 미나카미마치에 쓰키요노기노코엔이라는 회사가 있다. 이 회사의 사장인 가네코 다카노리 씨는 "최근 들어 요시카와 씨가 천사로 보입니다"라고 말했다.(웃음) 쓰레기 줍기를 하면서 나 스스로에게 순수해지고 천진난만해졌기 때문인지도 모른다. 이른바 '동심으로 돌아간' 것이다.

쓰레기 줍기를 하면 잡념이 사라져 뇌 안의 사고가 멈추고 텅 비게 된다. 그렇게 되면 감각이 예민해진다. 뇌 내 사고가 사라지고 감각에 집중하면 육감이 작용한다. 사람들은 그것을 '마음의 소리', '아이디어', '하늘의 소리' 등으로 표현한다. 스피리추얼 용어로 말한다면 하이어 셀프(Higher Self. 고차원적인 자신)의 목소리가 들려오는 감각이다. 사람에 따라서는 '신인합일'(神人合一. 신과 사람이 하나가 되는 것)이라는 말을 사용하기도 한다.

고차원적인 자신과 연결된 감각을 느끼면 자신이 가진 고정관념이 하찮게 느껴지고 그 고정관념에 사로잡힌 스스로가 우습게 느껴진다. 그 결과 고정관념이 조금씩 완화된다. 덧붙여, 고정관념에서 벗어나는 방법은 자신의 잠재의식 깊

숙이 존재하는 이 고정관념을 일단 '깨닫는' 것이다. 깨닫기만 하면 그것을 객관화할 수 있다. 이후 그대로 유지하고 싶으면 유지하면 되고, 고정관념이라는 자신만의 규칙을 완화하고 싶으면 완화하면 되며, 벗어나고 싶으면 벗어나면 된다.

쓰레기 줍기를 하면 자신의 고정관념이 무엇인지 깨달을 때가 많다. '천사로 보인다'는 말은 어쩌면 '고차원적인 나와 연결된 것처럼 보인다'는 의미일지도 모른다.

쓰레기를 줍는다는 신용의 힘

얼마 전 어떤 사장님이 "회사를 매각하고 싶습니다"라며 찾아와 3시간 가까이 면담을 했다. 그가 98퍼센트 이야기하고 나는 2퍼센트 이야기했다. 오직 듣는 데만 집중했다. 그의 회사는 우량기업이기 때문에 매각할 대상은 얼마든지 있었다. 하지만 '단지 상대방이 기분 좋게 이야기할 수 있도록 듣는 데 집중한다'는 자세를 보이는 것만으로 그는 "프리마베라에 매각하고 싶습니다"라고 말해 줬다. 이것도 미리 쓰레기 줍기를 취미로 삼은 '고결한 (사람으로 보이는) 회장의 인품'

을 홈페이지에서 보고 실제로 만나보니 '정말로 좋은 사람'이라고 확인할 수 있었기 때문에 결정한 것이라고 생각한다. 단순한 쓰레기 줍기로 연 매출 8억 엔의 우량기업 독점 교섭권을 획득할 수 있다니 정말 최고다.

또 어떤 날은 우리 회사가 매수한 이바라키현 쓰쿠바시에 있는 회사를 방문해서 전무님을 처음 만났다. 전무님은 내가 짊어진 배낭을 보고 "저, 계속 궁금했는데, 그 배낭에서 튀어나와 있는 건 무엇입니까?"라고 물었다. "아, 이거요? 쓰레기를 줍는 집게입니다. 이것으로 전국, 전 세계를 깨끗하게 만들죠. 오늘도 귀사에 일찍 도착해서 주변을 깨끗하게 정리했습니다"라고 대답했다.

아마 집으로 돌아가면 사장인 남편과 "여보, 요시카와 회장에게 맡기는 게 좋을 것 같아요. 그분이라면 우리 사원들을 맡겨도 안심일 것 같아요"라는 대화를 나눴을지도 모르겠다.(웃음)

쓰레기 줍기를 하는 것만으로, 단지 그것만으로 좋은 사람으로 보일 수 있다. 쓰레기 줍기라는 행위 자체가 '신용'이돼 비즈니스가 순조롭게 이어지기도 한다.

'전설적인 경영자'가 되겠다는 생각에 사로잡혔던 때는 어떻게 하면 직원들의 마음을 울릴 수 있을까, 하는 부분만을 생각했다. '무엇을 전달'해서 영향력을 끼칠까 하는 데 무게를 두었다. 1년에 한 번인 경영계획발표회에서는 그야말로 나 자신이 카리스마 넘치는 사장으로서 강연 기술을 최대한 구사하여 직원들을 열광시키고 그들의 감정을 흔들려고 노력했다.(웃음)

하지만 쓰레기 줍기를 시작하고 어느 정도 열기가 빠진 상태에서 경영을 하게 된 이후부터는 내 안에 존재하는 또 다른 나와 대화를 나누고 사람들과 함께 일을 하면서 '나의 언어와 행동', 즉 언행으로 영향력을 끼쳐야 되겠다고 생각하게 됐다. "함께 식사를 하면서 사장님이 진지하게 본인의 일이나 가정의 힘든 상황들을 이야기해 주셔서 퇴직하려던 마음을 바꾸게 됐습니다"라고 말해 주는 사원도 몇 명이나 있었다. 또 비디오 회사의 영업사원도 "새로운 가게의 오픈 준비를 위해 직접 먼지를 뒤집어 쓰면서 현장의 아르바이트 사원들과 함께 일하는 사람은 요시카와 씨뿐입니다"라고 칭찬해

183

줬다.

　그리고 지금은 쓰레기 줍기를 하면 할수록 안정감이 느껴지면서 '나의 존재 자체'로 영향력이 자연스럽게 전달되면 좋겠다고 생각하게 됐다. 지나치게 힘을 넣어 '가치를 부여한다'기보다 어느 정도 힘을 빼고 인상 좋은 할아버지처럼 만나는 사람들에게 '가치를 뿌리는' 인생이다.

　단지 그 사람이 존재하는 것만으로 기운이 나고 마음을 놓을 수 있으며 믿음이 생기는, 그런 존재가 될 수는 없을까. 100만 개의 쓰레기를 줍는 동안 잔뜩 들어가 있던 쓸데없는 힘이 어깨에서 빠져나갔다. 이제는 자연스럽게 주변에 '좋은 분위기를 끼칠 수 있는 존재'가 된다면 정말 멋진 인생이라는 생각이 든다.

　쓰레기를 줍는 내 모습을 보고 상대방이 어떤 생각을 하는지 나는 알 수 없다. 하지만 거기에서 '성실함' 같은 것은 어렴풋이 느낄 것이다. '이 사람은 말과 행동이 일치하는 사람이야'라는. 그렇게 봐준다면 정말 기쁜 일이라고 가벼운 마음으로 생각한다. 그렇게 '생각하게 만들어야 한다'면 이기심이 되고, 다른 사람에게 기대하는 삶이 되기 때문에 마음이 무거워지니까.

매니지먼트의 마지막 비결은 그 존재만으로 상대방을 감화하는 것이다. 쓰레기 줍기는 자신이라는 존재만으로 많은 사람들을 감화할 수 있는 마력을 가졌는지도 모른다.

자기긍정감이 올라간다

　나는 나를 좋아한다. 이렇게 말하면 얼마 전까지는 "뭐야? 엄청난 나르시시즘인데!", "아, 기분 나빠!"라는 식으로 밉상으로 받아들여졌다. 하지만 최근 자기긍정감이라는 말이 커다란 붐을 일으켜 본인 스스로를 사랑하는 것에 대한 중요성을 많은 사람들이 이해하게 됐다. 그래도 우리 집에서는 반발이 심하다. 셋째가 "아빠가 가장 좋아하는 사람은 누구야?"라고 물어보기에 솔직하게 "두 번째가 너고 세 번째는 엄마고 첫 번째는 당연히 히데탕"이라고 대답하자 뭐가 그렇게 억울한지 심하게 화를 냈다. 우리 집에서는 나를 애칭인 '히데탕'이라고 부른다. 이것도 사람들이 들으면 분위기가 썰

렁해질 것이다.

　우리 회사에는『성과와 행복을 양립시키는 벡터 용어집』이라는 사전이 있다. 성과를 내는 회사를 만들기 위해, 사람들이 행복해지기 위해 중요한 용어 1048가지를 내가 정의해 놓은 것이다. 스터디 모임에서 직원들을 대상으로 이 용어를 해설하는데, 최근 가장 호응이 좋았던 것이 '사랑스럽다'는 용어의 해설이다. 이 말은 내가 가장 좋아하는 말버릇으로 벡터 용어집에는 이렇게 적어놓았다.

[사랑스럽다]　신조어　　　🙎 모두　　📄 행동 규칙　　⏱ 전 생애

최고의 의미 부여.
'사랑을 가능하게 하는' 말이다.
사람들의 매력을 인정하면 나의 내부에 존재하는 매력도
인정할 수 있게 된다.
사용 예: 실패한 부하직원을 보면 사랑스럽다.
　　　　사소한 문제로 화를 내는 상사를 보면 사랑스럽다.

　　　　　기분 좋은 세상을 만드는 형용사 이용법

　행복해지려면 어떻게 해야 할까. 인간의 행복과 우주의

원리를 18년 동안 추구해 온 내가 내린 결론은 우선 '행복은 기분이 좋은 것'이라고 인식하는 것이다. 마음의 상태, 기분이 좋으면 행복한 것이다. 그리고 기분을 좋게 만들려면 스스로 본인의 세계를 만들어야 한다는 사실을 인식해야 한다.

다시 강조하지만 이 세상의 모든 사건, 사상, 사물, 사람은 플러스-마이너스 제로다. 그 플러스-마이너스 제로인 사건이나 사상에 인간이 해석을 더하면서 '각각의 세계'가 완성된다. 즉 같은 사건이 발생해도 즐겁게 받아들이는 사람은 즐거운 자기만의 세계를 만들고, 피해를 봤다고 받아들이는 사람은 피해자의 세계를 만든다. 즐거운 세계를 만들고 싶다면 즐거운 해석을 하면 된다. 사랑이 넘치는 세상을 만들고 싶다면 사랑스러운 해석을 하면 된다.

이것은 명사와 형용사의 관계로 설명할 수 있다. 모든 명사는 에너지로 볼 때 플러스-마이너스 제로다. '쓰레기 줍기'라는 말도, '요시카와 미쓰히데'라는 이름도, '마더 테레사'라는 위인의 이름도 단순한 명사다. 거기에 우리가 해석을 첨가한다. '쓰레기 줍기는 좋은 일', '요시카와 미쓰히데는 특이한 사람', '마더 테레사는 사랑이 넘치는 위인'이라는 식으로.

사실 해석은 형용사로 이뤄진다. 좋다, 특이하다, 사랑이 넘친다, 위대하다, 멋지다…. 즉 기분 좋은 세상을 만들고 싶다면 형용사를 이용하면 된다. 이것은 내가 행복에 관한 연구를 13년 정도 한 연말에 쓰레기를 줍다가 문득 깨달은 한 가지 결론이다.

'사랑스럽다'는 말의 기적

스피리추얼 업계에서 흔히 나오는 가르침에 "어떤 일이건 고맙다, 사랑한다는 말로 표현하자"라는 말이 있다. 좋은 이야기다.

'사랑스럽다'는 말처럼 따뜻하고 아름다운 말은 없을 것이다. 그리고 이 말을 자주 사용하다 보면 눈앞에 정말로 사랑스러운 세상이 펼쳐진다. 아내가 두 팔을 힘차게 흔드는 모습도, 눈 아래 기미에 신경을 쓰는 모습도 '사랑스럽다'. 친구가 라면을 지나치게 먹어 당뇨병에 걸릴 게 걱정이 되기는 하지만 맛있게 먹는 모습은 어쨌든 '사랑스럽다'. 중소기업 경영의 신으로 불리는 고야마 노보루 사장의 열띤 강연은 대단하다는 감동도 주지만 한편으로 '사랑스럽다'.

'사랑스럽다'를 본인의 형용사로 삼으면 본인의 세상이, 본인의 우주가 변한다. '사랑스럽다'를 말버릇으로 삼으면 플러스–마이너스 제로인 사상이나 언뜻 마이너스로 보이는 사상까지 귀엽게 느껴지고 사랑스러워 보인다.

세상에서 가장 사랑스러운 존재는 나

'사랑스럽다'는 말을 했을 때 가장 효과가 큰 대상은 바로 자기 자신이다. 석가모니는 (진위는 알 수 없지만) "세상에서 가장 사랑스러운 존재는 자기다. 자기보다 더 사랑스러운 존재는 없다"라고 말했다고 한다. 유명한 경영자 마쓰시다 고노스케 씨는 말년에 자신의 머리를 자주 쓰다듬으며 "대단해, 대단해!"라고 칭찬했다고 한다.

언젠가 우리 회사의 세미나 사업 책임자인 마쓰다 고노스케 씨가 내게 이렇게 물었다. "저는 매일 면도를 하는 데 3분이나 걸립니다. 앞으로 평생 1만 일 정도 면도를 한다면, 계산해보면 3만 분, 500시간이나 걸리는데 정말 시간이 아깝습니다. 그래서 영원히 수염이 나지 않았으면 좋겠다는 생각이 드는데 어떻게 생각하십니까?”

나는 이렇게 대답했다. “나는 면도를 하는 시간을 이용해서 거울로 내 얼굴을 자세히 들여다볼 수 있어서 너무 좋다고 생각해요. 거울 속의 나를 찬찬히 들여다보면 정말 사랑스럽다는 느낌이 듭니다. 만약 영원히 면도를 할 필요가 없어진다면 내가 나 자신을 사랑스럽다고 느낄 수 있는 시간이 사라질 테니까, 저는 별로 좋을 것 같지 않습니다.”

그러자 마쓰다 씨는 전혀 예상하지 못한 대답을 듣고 충격을 받은 듯 말이 없었다. 하지만 나는 정말 그렇게 생각한다. 나는 정말 거울 속의 내 얼굴을 들여다보고 사랑스럽다고 말을 건네면서 면도를 한다.(웃음) 아이들은 그 모습을 보고 “기분 나빠!”라고 소리를 지르며 난리다. 아내 역시 “또 시작했네!”라고 놀려댄다. 하지만 상관없다. 나는 나의 축으로 그 누구에게도 피해를 끼치지 않고 나 스스로를 사랑하면서 즐겁게 사니까.(웃음)

나를 '히데탕'이라고 부르는 것도 '애칭'이다. 사랑스러운 별명 아닌가. 극단적으로 말한다면 나를 '나'라고 부르는가 '히데탕'이라고 부르는가에 따라 인생이 바뀐다. '나'라는 호칭은 일반적으로 타인의 시선을 의식하고 표현하는 듯한 인상을 받는다. '히데탕'이라는 호칭은 '타인의 시선을 의식하지 않는, 약간 특이한 사람. 하지만 스스로를 매우 사랑하는 사람'이라는 인상이 느껴진다. 여기에서 중요한 것은 본인이 스스로를 사랑하는 호칭이라는 점이다.

내가 정말 좋아하는 작가 사이토 히토리 씨는 자신을 '히토리 씨'라고 부른다. 이 말을 들었을 때 정말 멋진 표현이라는 생각에 그가 위대해 보였다. 자신을 존경하고 사랑한다는 것을 알 수 있었다. 나도 사내의 스터디 모임에서 나를 지칭할 때 '요시카와 씨'라고 자주 표현한다. 자신을 '저 같은 사람'이라고 겸허하게 표현하는 삶도 훌륭하지만 스스로를 존경하는 삶도 역시 훌륭하다고 생각하기 때문이다. 그리고 직원들에게도 "자신을 좀 더 칭찬하고 존경하면 어떻겠습니까?"라는 메시지를 알게 모르게 자주 보낸다.

내 온라인 프로필을 보면 약간 놀랄 것이다. 내 이름 옆에 'I love myself♪ 우주 제일을 지향하며'라는 문구가 적혀 있기 때문이다. 사람들 대부분은 그걸 보고 굳이 지적하지는 않지만 주식회사 도세키의 사장인 야나기 신타로 씨에게 이런 메시지를 받았다.

"'I love myself♪ 우주 제일을 지향하며'라니, 이 이상한 캐치 카피는 무엇입니까?" 그래서 이렇게 설명해 줬다. "나 스스로 나 자신을 사랑한다는 뜻입니다. 'I love myself♪'의 포인트는 거기에 'you도 he도 she도 they'도 개재돼 있지 않다는 것이죠. 나의 축을 기준으로 스스로를 사랑하면서 살겠다는 뜻입니다. 그렇게 하면 최고로 행복해질지도 모르니까요.♪ 그것이 '멋진 사람'일 수 있으니까요.♪" 이때 야나기 씨는 내 말뜻을 어느 정도 이해한 듯했다.

이 이야기를 하고 며칠 후 야나기 씨를 만났더니 이렇게 말해 줬다.

"그 'I love myself♪'는 정말 의미가 깊은 것 같습니다. 그 후에 이 말이야말로 가장 중요한 메시지가 아닌가, 하는 생

193

각이 들었습니다. 저도 3대째 사장으로 자라면서 어린 시절부터 주변 사람들의 눈을 의식하고 이건 하면 안 된다, 저것도 하면 안 된다, 라는 식으로 많은 제약을 받았습니다. 부모님을 비롯한 타인들이 저를 좋아할 수 있도록 행동해 왔지요. 하지만 'I love myself♪', 이게 정답입니다. 스스로 스스로를 사랑할 수 있는 삶이라면 그게 최고지요! 이 말은 저도 인용 좀 하겠습니다."

이성적인 수재 미남 야나기 씨가 마침내 내게 빠지기 시작한 역사적 순간이었다.(웃음)

'절대적인 나'를 발견하다

야나기 씨도 경영자니까 머티리얼(물질주의, 유물론)에 가까운 사람이라고 생각한다. 하지만 그런 그가 'I love myself♪'라는 한마디의 중요성을 깨닫게 돼서 정말 기뻤다. 그는 내가 행복 전문가라는 사실을 알고 몇 년 전부터 나의 '인생이 설레고 가슴 뛰는 즐거운 연수' DVD 등도 구입해 줬기 때문에 그 깊이를 이해할 수 있었을 것이다. 모르는 중년 남성이 'I love myself ♪'나 '사랑스럽다'는 표현, 또는 '히데탕'을 주장했다면 어디 안 좋은 사람 취급을 했을 것이다.(웃음)

나는 'I love myself ♪'라는 본질을 쓰레기 줍기에서 깨달았다. 쓰레기 줍기를 하는 동안에 이런 확신을 가지게 된 것이다.

'군마현 오타시는 22만 3000명의 인구가 있다. 하지만 환경개선 작업이나 회사의 쓰레기 줍기 봉사활동 이외에 거의 매일 틈만 있으면 쓰레기를 줍는 사람은 본 적이 없다. 어쩌면 22만 3000명 중에서 가장 '위대하고 존경스러운' 삶을 사는 사람은 내가 아닐까! 만약 내가 신이라면 어떻게 할까? 누구를 표창하고 누구에게 '선물'을 줄까. 그것은 나다. 신에게 사랑받는 삶을 실천하는 사람은 바로 나다!'

8년 동안 쓰레기를 주우면서 다양한 사람들을 봤다. 조깅하는 사람, 개와 산책하는 사람, 부부가 함께 손을 잡고 걷는 사람…. 그런 사람들은 얼마든지 있다. 하지만 일상적으로 자신이 사는 지역에서 집게를 들고 다니며 쓰레기를 줍는, 세상과 타인을 위해 쓰레기를 주우며 다니는 사람은 나 이외에 한 번도 본 적이 없다. 그러자 '절대적인 자신'이 형성됐다. "내가 가장 사랑스러운 존재야!"라고.

이런 말을 하면 "특별한 느낌을 받았다는 것은 결국 비교 아닙니까? 비교는 바람직하지 않습니다"라고 말하는 사람도 있을지 모른다. 맞는 말이다. 하지만 비교를 통과해서 자기실현, 자기표현 세계로 들어가면 된다. 우선 무엇인가에서 넘버원이 되면 된다. 온리 원은 그 이후다. 우리는 학교 교육이나 사회인 교육에서 '상대적으로' 1등이 되지 않으면 자신을 칭찬할 수 없다는 가치관을 강하게 요구받아 왔기 때문이다. 그러니까 그것을 반대로 이용해 상대적인 관점에서 시작하여 절대적인 관점으로 들어가면 되는 것이다.

'I love myself♪'는 절대적인 관점의 세계다. 이 단어 안에는 자신 외에는 그 어느 것도 개재될 수 없다. 스스로를 좋아한다. 바꾸어 말하면 가장 좋아하는 자신이 돼야 한다. 더 나아가 설명한다면 자신이 자신을 좋아할 수 있도록 살아간다. 이것이 행복해지는 방법이다. 원리적으로 봐도 스스로 본인의 세계를 만들고 본인 이외의 다른 세계에서 무슨 일이 발생하건 본인만을 사랑한다면 좋은 기분을 망치는 일은 없기 때문이다.

그래도 인생에서는 우리를 뒤흔드는 사건들이 많이 일어난다. 그렇기 때문에 지속적으로 쓰레기를 주우면 쓰레기를 줍는 자신을 새삼 위대하다고 생각하게 되고 아무런 이득도 없는 이런 행위를 하는 자신을 자연스럽게 '사랑스럽다'고 생각하게 된다. 그 결과 다시 '자신을 가장 사랑하는 자신'으로 돌아가 기분이 좋아진다. 이런 선순환의 반복이 나의 일상이다.

나를 구성하는 세 가지 요소

나는 다양한 습관을 시도해 왔다. 쓰레기를 줍기 전에는 최고의 습관이 화장실 청소라고 생각했다. 이른바 '성공한 사람'으로 불리는 사람들 대부분은 화장실 청소를 해왔다. 내가 가장 좋아하는 작가 고바야시 세이칸 씨는 화장실 청소의 효과에 관하여 많은 말을 했는데 그중 하나가 우울증이 낫는다는 것이다.

우울증은 자신감의 결여에서 발생한다.

자신감은 '자기긍정감×자기효력감×자기유용감'이라는 세 가지의 곱셈이다. 자기긍정감은 있는 그대로의 자신으로 만족하며 '자신을 사랑하는 것', 자신을 인정하는 것이다. 자기효력감은 '할 수 있다', '나는 능력이 있다'고 인식하는 것이다. 자기유용감은 자신이 누군가에게 '도움이 된다'는 느낌이다.

요가, 화장실 청소, 쓰레기 줍기

수많은 습관을 이 세 가지에 적용해 보자. 예를 들어 자신을 정돈하기 위한 요가라는 습관이 있다. 요가를 하면 신체나 호흡에 집중하여 잡념을 없애기 쉬워진다. 잡념이 사라지면 내부 세계의 자신과 맞서 '있는 그대로의 나로 만족해'라는 자기긍정감이 탄생하기 쉽다고 한다. 또 요가 수업을 다니는 것으로 '무엇인가를 지속하는 자신'에서 자기효력감도 맛볼 수 있을지 모른다. 하지만 요가라는 행위 자체에 '누군가에게 도움이 되는 요소'는 없다.

다음은 화장실 청소다. 집중해서 화장실 청소를 하면 무아의 상태로 들어가기 쉽다. 그렇게 되면 잡념이 사라지고 감각에 집중할 수 있으며 있는 그대로의 자신을 느끼기 쉬워진다. 또 요가와 달리 '화장실이라는 지저분한 장소를 청소하는 나는 위대한 사람이야'라고 스스로를 자랑스럽게 생각할 수 있다. 따라서 자기긍정감은 요가보다 높다. 그리고 화장실 청소도 '할 수 있다', '해냈다'라는 성취감, 자기효력감을 느낄 수 있다. 마지막의 자기유용감은 본인의 집 화장실이라면 가족을 위해 어느 정도 도움이 됐다고 생각할 수 있다. 그리고 만약 자택 이외의 화장실이라면 자기유용감을 정말 크게 느낄 수 있다. 하지만 실제로 자택 이외의 화장실을 청소하는 것은 정말 어려운 일이다.

마지막으로 쓰레기 줍기는 어떨까.

쓰레기 줍기는 '군마현 오타시에 이렇게 꾸준히 쓰레기를 줍는 사람은 없어. 내가 정말 자랑스러워', '전혀 이득이 되지 않는, 언뜻 어리석어 보이는 이런 행위를 하는 내가 사랑스러워'라는 식으로 자기긍정감을 매우 높게 느낄 수 있다. 덧붙여 자신을 사랑스럽게 생각하는 비결 중의 하나가 '아무런 이득이 되지 않는, 언뜻 어리석어 보이는 행위'를 하는 것이다. 쓰레기 줍기는 안성맞춤이다.

그리고 '일일일선(一日一善)이라고 하는데 오늘은 100개나 되는 쓰레기를 주웠어. 이건 일일일선이 아니라 일일백선이야라는 식으로 쓰레기를 주운 수만큼 화장실 청소보다 훨씬 더 강력한 자기효력감을 느낄 수 있다.

또한 자신의 집뿐 아니라 전혀 관계없는 낯선 장소에서 낯선 사람이 버린 쓰레기를 줍고 길이나 지역을 깨끗하게 만들어 세상을 위해, 타인을 위해 공헌한다는 데서 오는 자기유용감도 강하게 느낄 수 있다. 거기에다 다른 사람들의 칭찬도 더해지기 때문에 자기유용감은 밀실에서 실행하는 화장실 청소보다 훨씬 더 강력하게 느낄 수 있다.

그리고 무엇보다 쓰레기 줍기는 봉투 한 개만 있으면 할 수 있다. 집게까지 있다면 손을 사용하지 않으니까 더욱 쾌적하게 실행할 수 있다. 일상적으로 할 수 있으며 생각이 나면 언제든지 시도할 수 있는 가장 바람직한 습관이 쓰레기 줍기다.

조깅, 요가, 화장실 청소, 쓰레기 줍기를 비교해 봤다 ♪

구분	자기긍정감	자기효력감	자기유용감
조깅	○	○	×
요가	◎	○	×

화장실 청소	◎	○	△
쓰레기 줍기	◎	◎	◎

쓰레기 줍기는 최고의 습관

내가 전하고 싶은 말은 쓰레기 줍기야말로 최고의 습관이라는 것이다. 자기긍정감, 자기효력감, 자기유용감을 최대한 끌어올려 세상을 위해, 타인을 위해 움직이게 하고, 자신감을 얻고 스스로를 사랑하게 만드는 습관이 바로 쓰레기 줍기다.

나아가 화장실 청소는 대부분 집 안에서의 행위지만 쓰레기 줍기는 태양 빛을 받으며 하는 행위다. 햇살을 받으면 건강에 도움이 된다. 이것도 마음의 병을 앓기 쉬운 사람들에게는 매우 효과적이다.

본래 "내가 좋아!"라고 단순하게 믿으면 되는데 피라미드 사회에서 자란 우리는 '근거'나 '증거'가 없으면 믿지 못한다. 머릿속이 매우 복잡한 관념 구조가 채워져 있기 때문이다. 그러니 '오늘은 300개나 쓰레기를 주웠어', '이번에는 한

달 동안 17일이나 쓰레기를 주웠어', '1년에 4만 5000개나 쓰레기를 주웠어'라는 식으로 증거를 쌓아 자기효력감을 높여야 한다. 그렇게 하면 "내가 이렇게까지 할 수 있었어"라는 자신감이 생기고 성취감을 느낄 수 있으며 그런 자신을 사랑할 수 있게 된다.

또 우리는 어린 시절부터 "세상을 위해, 타인을 위해 도움이 되는 사람이 돼라"라고 배웠다. 그렇기 때문에 자기유용감을 위해 자신이 이타적인 행위를 하여 사회에 공헌한다는 실감을 해야 한다.

쓰레기 줍기를 습관화하면 자기긍정감, 자기효력감, 자기유용감이 올라간다. 그 결과 비교 따위는 필요하지 않은 '이런 내가 좋아', 'I love myself ♪'의 세계로 들어간다. 쓰레기 줍기로 스스로의 인생에 마법을 거는 것이다.

쓰레기 줍기 매직 II.
꿈을 이루기 쉬워진다

　　내가 사립 중학교 면접관이라고 하자. 수험생 중에 이런 아이들이 있다. 한 명은 6년 동안 운동을 해서 지역 대회에서 베스트8까지 들어간 아이다. 또 한 명은 운동에는 특별히 소질이 없지만 6년 동안 매일 등하고 때마다 쓰레기를 주운 아이다. 나라면 운동에 소질이 있는 아이도 합격을 시키겠지만 가장 우선적으로 쓰레기를 지속적으로 주운 아이를 합격시킬 것이다.

　　시험에 대한 대책으로 부모들은 대부분 이런 식으로 이해득실을 따진다. "그 사립 중학교는 영어 실력을 중시하니까 영어를 열심히 공부해야 해. 영어 실력이 좋은 아이는 합격할 가능성이 꽤 높아." 아이가 원하니까, 또는 아이가 잘하니까 영어를 가르치는 것이 아니라 시험에 합격해야 하기 때문에 영어를 가르치는 것이다. 나도 세 아이의 아버지로서 이 마음은 충분히 이해한다.

하지만 쓰레기 줍기는 어떨까. 쓰레기 줍기는 일반적으로 이해득실과는 전혀 관계가 없다. 예를 들어 그 아이의 교사평가를 보면 담임선생님이 쓰레기를 줍는 아이를 칭찬하는 내용이 쓰여 있다. 따라서 이 아이는 6년 동안 정말 쓰레기를 주우면서 등하교를 했다는 사실을 알 수 있다. 물론 합격하기 위해서 이런 노력을 표방할 수도 있다. 하지만 그렇다고 해도 단지 합격만을 위해서 6년 동안이나 쓰레기를 줍는 행위를 지속하기는 쉽지 않다. 쓰레기 줍기는 성적을 올리는 것처럼 화려하고 멋진 환경에서 하는 것이 아니기 때문이다. 그래도 이런 음덕, 즉 숨은덕을 지속적으로 쌓아온 아이를 보면 면접관의 마음이 움직이지 않을까.

좀 더 설명한다면 학업이나 운동은 자신을 위한 행위다. 사회에 대한 공헌은 없다. 하지만 쓰레기 줍기는 어떤가. 궁극적으로는 자신의 마음을 정돈하고 좋은 기분을 만들기 위한 행위지만 사람들 대부분은 그렇게 받아들이지 않는다. 본인이 쓰레기를 주운 경험이 없어서 그 본질까지는 모르기 때문이다. 따라서 대부분 '쓰레기를 줍는 사회공헌활동을 6년 동안이나 지속해 온 아이'라고 최상급의 찬사를 보내게 될 것이다. 교육자나 경영자는 선악이라는 윤리관이 다른 사람들보다 매우 강하기 때문에 사회공헌활동을 지속한 사람을 높이 평가한다. 즉, 쓰레기 줍기는 수험이나 면접에 매우 유리하게 작용할 수 있다.

최고의 셀프 브랜딩 방법

만약 내가 수험생이라면 어떻게 할까. 나는 근본적으로 장사꾼이다. 장사꾼은 이해득실을 빼놓고는 존재할 수 없다.(웃음) 그러니까 나 자신을 브랜딩하기 위해, 나 자신에게 금박을 입히기 위해 쓰레기 줍기를 지속하고 그것을 어필할 것이다.(웃음) 증거를 요구받을 때를 대비하여 나의 인스타그램이나 페이스북, 쓰레기 줍기 애플리케이션, 또는 엑셀 같은 스프레드시트 등에 오늘 주운 쓰레기를 기록할 것이다. 이것이 무엇보다 중요한 증거다. 기록을 해두면 만약 면접에서

"학창 시절에 가장 노력했던 일은 무엇입니까?"라는 질문을 받았을 때 그 증거들을 근거로 가슴을 펴고 자신 있게 "쓰레기 줍기입니다!"라고 대답할 수 있다.

많은 사람들이 '쓰레기를 줍는다=착한 아이(좋은 사람)'라는 고정관념을 가졌다. 교육자, 경영자는 더욱 그렇다. 바꿔 말하면 '착한 아이(좋은 사람)가 아니면 쓰레기는 줍지 않는다'라고 생각한다. 이것을 역으로 이용하면 쓰레기 줍기로 자신을 브랜딩할 수 있다.

나도 '쓰레기 줍기 선인'이라는 셀프 브랜딩을 한다. 명함을 교환하면서 "취미는 쓰레기 줍기입니다. ♪ 명함을 보시지요. ㈜프리마베라의 CGO라고 돼 있지요? 'Chief gomihiroi Officer', 즉 '최고 쓰레기 줍기 책임자'라는 뜻입니다"라고 말하면 상대방은 칭찬을 하거나 감탄을 한다. 앞에서 설명했듯 쓰레기 줍기만으로 신용을 얻고 비즈니스 상담이 원활하게 진행된다.

내가 하고 싶은 말은 이해득실을 위해 쓰레기 줍기를 해도 괜찮다는 것이다. 쓰레기 줍기를 시작하는 계기는 무엇이건 상관없다. 동기는 불순해도 된다.(웃음)

메이저리거 오타니 쇼헤이 선수가 쓰레기를 줍는 모습이 미국에서 화제가 됐다는 뉴스가 있었다. 조사해 보니 하나마키히가시고등학교 시절부터 쓰레기를 주웠다고 한다.

고등학교 야구 선수는 왜 쓰레기를 주웠을까. 고등학교 야구 선수이건 경영자이건 어떤 의미에서 승패의 세계에 산다. 자기들도 노력을 하지만 주변 사람들도 그에 못지않은 노력을 한다. 따라서 노력의 차이만으로는 결과를 승리로 이끌기 쉽지 않다. 그래서 신에게 의지하는 행위를 하는데 그중 하나가 쓰레기 줍기다.

객관적으로 생각해 보면 이해할 수 있다. 여러분 자신이 승리의 신이라고 하자. 똑같이 노력하면서 연습하는 고등학교 야구팀이 있다. 그런데 한쪽 팀만 선수 전원이 3년 동안 학교 주변의 쓰레기 줍기를 지속해 왔다면 어떻게 될까. 여러분이라면 어느 쪽에 미소를 보내줄까. 내가 고등학교 야구 감독이라면 이런 이야기를 해서 선수들이 쓰레기를 줍도록 유도해 보겠다.(웃음)

이해득실을 따져 시작해도 된다. 내가 야구팀 감독이라

면 "쓰레기 줍기는 운을 줍는 거야. 그게 결과적으로 꿈을 줍는 것이 된다"라고 학생들을 설득하겠다. 내키지 않지만 어쩔 수 없이 하는 척만 해도 상관없다. 쓰레기 줍기를 지속하는 동안에 자신의 마음에 어떤 확실한 변화가 생길 것이다. 지금까지 설명한 쓰레기 줍기의 마법이 몇 가지 발생하고 그것을 실감하는 경험이 증가할 것이다.

정치인에게 권한다

우리 집 근처에 시의원이 산다. 활력이 넘치고 말도 시원스럽게 잘하는 훌륭한 의원이다. 언젠가 내가 초등학생 딸의 운동회에서 집게를 들고 교정의 쓰레기를 주우니 꽤 감명을 받은 듯 "호오, 정말 훌륭하십니다. 다음에는 반드시 함께 쓰레기를 줍도록 하지요"라고 말했다. 하지만 그 후 한 번도 그런 제안이 없었고 6년이 지난 지금까지 함께 쓰레기를 주워본 적은 없다.(웃음) 나는 그분의 사무실 주변을 100회 이상 쓰레기를 주우며 돌아다녔지만.

내가 만약 정치인이라면 어떻게 할까. 나 같으면 틈이 있을 때마다 쓰레기를 주울 것이다. 시의원이라면 음식점이나 상점으로 들어가기 전에 그 가게 주변이나 주차장의 쓰레기를 줍는다. 그리고 음식점으로 들어가 식사가 끝나면 주인에게 인사를 한다. "시의원 요시카와입니다. 오늘은 정말 맛있게 먹었습니다. 구글 맵에 이 가게에 대한 좋은 리뷰를 쓰겠습니다. 그리고 취미가 쓰레기 줍기이기 때문에 제 마음대로 이 가게 주변의 쓰레기를 주웠습니다." 이렇게 말하고 비닐봉투 안의 쓰레기를 자연스럽게 보여주고 명함을 두고 나온다. 아마 가게 주인들은 대부분 시의원이 자기 가게 주변의 쓰레기를 주워줬다고 고마워할 것이다. 쓰레기를 줍는 모습을 보는 것만으로 팬이 되지 않을까.

유감스럽게도 사람들은 '정치인은 사리사욕을 위해 움직이는 권력의 망자다'라고 생각할 때가 많다. 하지만 나를 지지하는 시민들은 그런 고정관념을 버리고 '요시카와 씨는 달라'라는 생각으로 나를 믿고 투표해 줄 것이다. 시의원이나 국회의원이 늘 손에 들고 다니는 것이 쓰레기 줍기용 집게와 봉투라면, 그 모습을 보고 사람들은 어떻게 생각할까. 선거 활동에서도 마이크 대신 집게를 들고 쓰레기를 줍는 모습을 보여준다면 어떨까. 정말로 세상을 위해 타인을 위해 일하는 사람이라고 이해해 주지 않을까.

시의원은 임기가 4년이다. 그 4년 동안 음식점, 학교, 공공기관, 공원 등 여러 곳을 자주 방문할 것이다. 예를 들어 1000곳을 방문해서 평균 100명이 쓰레기를 줍는 모습을 봤다고 치면 그것만으로 10만 명이다. 부동표를 자연스럽게 만들 수 있고 당연히 1등으로 당선되지 않을까.

우리 집 근처에 국가에서 포상과 표창을 받은 맞춤양복점이 있다. 어느 날, 여느 때처럼 쓰레기를 주우며 그 앞을 지나가는데 그 양복점 주인의 친척으로 보이는 사람이 나를 붙잡고 "혹시 정치하시는 분입니까? 쓰레기를 줍는 모습을 보고 정치가라고 생각했습니다"라고 말을 걸고 칭찬을 해줬다. 그러고는 세상 돌아가는 이야기와 자기 회사와 관련된 이야기를 약 15분 정도 들려줬다. 쓰레기를 주우면 마음에 여유가 생겨 이런 우연한 만남도 즐길 수 있다. ♪

"가끔 쓰레기를 줍습니다"라고 말하는 의원은 있다. 하지만 철저하게, 다른 사람들이 볼 때 이상하다고 생각할 정도로 철저하게 쓰레기를 줍는 의원은 본 적이 없다. '국민을 위해'라고 주장하는 의원일수록 쓰레기 줍는 모습을 보여준다면 어떨까. 가장 신용을 얻는 것은 언행일치다. 언행이 일치

되는 사람이 신용을 얻는다. 말을 강조했으면 그만큼 평소에 '행동'이 따라줘야 한다. 의원들이야말로 "발밑의 휴지 하나 줍지 않는 사람이 무슨 일을 할 수 있을까?"라는 모리 신조 선생님의 말을 돌아봐야 하지 않을까. 정치가로서의 본분이 무엇인지 깨닫게 될 것이다. ♪

처음에는 이기심으로 시작한다

다시 한번 강조하지만 쓰레기 줍기는 이기심으로 시작해도 된다. 자신이 얻고 싶은 결과를 얻기 위해 쓰레기 줍기를 시작해도 된다. 꿈을 이루기 위해 쓰레기 줍기를 도구로 삼으면 된다. 수험생이라면 자신이 원하는 학교에 합격하기 위해, 의원이라면 정치가로 성장하고 존경받기 위해, 운동선수라면 운을 얻기 위해, 경영자라면 다른 경쟁 회사를 제치고 자신의 회사만 번성을 누리기 위해, 영업사원이라면 거래처의 마음을 사로잡기 위해… 이처럼 이기심으로 가득한 마음으로 시작해도 된다. 그리고 그 이기심을 스스로 당당하게 인정하고 '그래 이래도 돼!'라고 생각하자. 그렇게 하면 각오가

커진다. 일단 죄악감이 줄어든다. 죄악감은 자기긍정감을 현저하게 떨어뜨린다. "그래 이건 돈을 위해서야. 그게 뭐가 나빠?"라고 되물을 수 있을 정도면 충분하다.

하지만 쓰레기 줍기에는 마력이 있다. 쓰레기 줍기를 지속할수록 조금씩 조금씩 그 '욕망'이 제거되고 그렇게 싫어하던 쓰레기 줍기가 어느 순간부터 좋아진다. '쓰레기 줍기는 좋은 일인 것 같아. 쓰레기를 주우면 왠지 마음이 정돈되는 것 같아'라며 쓰레기 줍기 매직을 실감하게 된다. 그렇게 되면 돈이나 비즈니스나 시합의 결과에 대한 흥미가 조금씩 줄어든다. 나아가 쓰레기 줍기를 하면 주변 사람들에게 칭찬을 듣는다. "훌륭하십니다", "응원합니다". 누군가를 기쁘게 하면 자신의 마음도 바뀐다. 쓰레기 줍기를 하는 동안에는 쓰레기 줍기가 자기실현을 위한 수단인지 쓰레기 줍기 자체가 인생의 목적인지 알 수 없게 된다.

지속할수록 만족감을 얻는다

쓰레기 줍기를 지속하면 왜 '내가 원하는 대로 하고 싶다'

는 이기심이 줄어드는 것일까. 꿈을 가졌을 초기의 마음은 이런 상태다. 고등학교 야구로 말한다면 '지역 대회에서 우승을 하면 만족감을 얻고 행복해질 수 있어'. 그런데 쓰레기 줍기를 지속하는 동안에 마음이 정돈되고 만족감이 느껴지면서 행복감을 느끼게 된다. 그 결과 '지역 대회에서 우승을 하건 못 하건 관계없어. 이렇게 만족감을 느끼고 행복감을 느낄 수 있으면 그것으로 된 거야'라는 마음으로 바뀐다. 즉 욕망이 자연스럽게 줄어든다. 오히려 불필요한 힘이 빠져나가고 본래 갖춘 힘을 발휘할 수 있게 돼 시합에서 이길 확률도 올라간다.

욕망이 너무 강하면 행복을 느끼기 어렵다. 항상 '이게 필요해', '저게 필요해'라며 부족한 상태로 살아가기 때문이다. 그야말로 '부족한 세계에 사는 주민'이 돼버린다. 행복을 느끼기 위해 소욕지족(少欲知足. 욕심을 줄이고 만족을 아는 것)하려면 어떻게 해야 할까. 다른 사람이 이상하다고 생각할 정도로 자신의 마음을 철저하게 충족시켜야 한다. 마음이 충족되면 원하는 것이 줄어든다. 그것이 소욕지족이 이뤄지는 메커니즘이다.

나는 쓰레기 줍기를 시작해서 2년 정도 지난 마흔세 살 때부터 60대 사장님들에게 "요시카와 씨는 노인 같습니다"
라거나 "요시카와 씨는 마치 세상을 달관한 것처럼 보입니
다. 그래서 저보다 연상인 사람과 대화를 나누는 것 같은 느
낌이 듭니다"라는 말을 자주 들었다. 이것도 쓰레기 줍기를
하면서 욕심이 서서히 줄어들었기 때문인지 모른다. 선인이
라고 불리는 이유 중의 하나다.

얼마 전 아내와 마이바시시에 있는 코스트코에 갔다. 소
매업에 도움이 되는 공부도 겸해서다. 아내는 한 번 가면 3만
엔 이상은 사용한다. 하지만 나는 구입하고 싶은 물건이 하나
도 없었다. 코스트코에서 판매하는 제품에 매력이 없어서가
아니라 나의 마음이 만족감을 느꼈기 때문이다.

'좋은 기분'을 최우선으로 삼다

'수신제가치국평천하'(修身齊家治國平天下)라는 말이 있다.
우선 자신이 몸을 닦고 가정을 정돈한 다음 국가를 다스려 천
하를 평온하게 만든다는 뜻이다. 천하를 평온하게 만드는 큰
일을 하려면 조직의 최소 단위인 자신의 몸부터 닦아야 한다.

즉, 가장 우선적인 것은 '수신'이라는 뜻이다. 그런데 대부분 수신을 하는 방법을 이렇게 가르친다. "이기심을 줄여라. 자신뿐 아니라 타인을 위해서 살아라. 세상을 위해, 타인을 위해 살아라." 학교 도덕 수업에서도, 종교에서도 대략 비슷한 내용을 가르친다. 한마디로 말하면 '좋은 사람이 되라', '착한 사람이 되라'는 것이다.

나도 행복에 관한 연구를 시작한 이후 10년 정도는 그게 맞는 말이라고 생각하고 알게 모르게 나 자신에게 희생을 강요했다. 한 달에 400시간 노동을 하면서 어떤 의미에서 자기희생을 하여 사원들의 행복을 실현하겠다는 생각으로 최선을 다해 열심히 일했다. 하지만 쓰레기 줍기를 시작하고 나 자신의 본심과 대화를 나누게 되면서 근본적인 문제를 깨달았다. 순서가 바뀐 것이다.

우선 본인을 충족시켜야 한다. 정확하게 표현하면 본인을 충족시킨다기보다 본인의 좋은 기분만을 생각해야 한다. 좋은 기분'만'이다. 철저하게 자신을 우선하여 생각한다. 그렇게 하면 마음이 충족되기 때문에 여유가 생기고 사람들을 부드럽고 상냥하게 대하게 된다. 아니, 부드럽고 상냥하게 대한다는 표현 역시 어폐가 있다. 정확하게는 타인의 세계에는 간섭하지 않는 상냥함이다. 좋은 의미에서 타인의 삶을 있는 그대로 존중하게 되는 것이다.(웃음) 그 사람은 그 사람의 세계를 즐기면서 사는 것이니까 나는 그 사람의 세계에 간섭하지 않는다. 하지만 만약 그 사람이 도움을 원한다면 그때는 언제든지 손을 내민다. 이것이 진정한 '부드러움'이고 '상냥함'이며 '사랑'이라는 사실을 깨달았다.

다시 한번 강조하지만 지구 환경이나 세금 같은 사회문제를 해결하는 것이 아니라 자신의 문제를 가장 우선적으로 해결하자. 자신의 문제는 대부분 기분 문제다. 그 문제를 해결하는 데만 집중하면 주변이 기분 좋은 세상으로 가득 찬다. 그 결과 타인에게 간섭하지 않게 되며 주변 사람들이 '행복'과 연결된다.

직함에 갇혀 괴로워하는 사회

우리는 수많은 '직함'을 가졌다. 예를 들어 나는 '아버지로서', '남편으로서', '경영자로서'가 대표적이다. 직함은 성가신 존재다. 이런 직함 뒤에 붙는 말은 '사장으로서 당연', '아

버지로서 당연', '남편으로서 실격'이라는 식의 가혹한 평가
다. 이것이 우리를 고통스럽게 만드는 정체다.

예를 들어 아내는 가족은 함께 저녁 식사를 해야 한다는
규칙을 가졌었다. 나는 이 규칙이 고통스러웠다. 먹고 싶은
시간에 먹으면 이해할 수 있다. 하지만 먹고 싶지도 않은 시
간에 왜 억지로 먹어야 하는 것일까. 또 저녁 식사 시간에 멀
리 떨어진 방까지 들릴 정도로 큰 소리로 "식사해요!"라고 고
함을 지르듯 부르는 소리가 어린 시절부터 정말 듣기 싫었다.
왠지 "밥 먹을 시간이니까 빨리 와서 먹어!"라는 식으로 음식
에 대한 존엄성을 전혀 인정하지 않는, 규칙만 강요하는 말투
로 느껴졌기 때문이다.

전에는 아내가 원하는 가족애를 몸소 체현하는 아버지
를 가장하고 연출했다. 하지만 사람은 자신의 세계에 누군가
개입하면 기분이 나빠진다. 집중해서 일을 하는데 방해를 받
아 중단이 되거나 먹고 싶지도 않은 시간에 식사를 강요받게
되면 기분이 나빠질 수밖에 없다. 기분이 나빠지면 오기나 심
술을 부리고 싶어진다.(웃음) 예를 들면 음식에 대한 투정이
다. "된장국에는 당근 넣지 말라고 했잖아. 내가 싫어한다고
말했잖아." 그럴 때 아내는 "그럼 안 먹으면 되잖아. 왜 당신

입맛에만 맞추려고 해!"라는 식으로 답변을 하고 이것이 싸움으로 번져버린다.

내 세상에 살면서 타인의 세상을 존중한다

정신없이 쓰레기를 줍다 보면 사고가 정지된다. 본인의 뇌가 멋대로 만들어 온 관념이라는 필터를 통과한 판단이 멈춘다. 뇌 내 사고가 멈추는 대신 감각이 예민해진다. 그렇게 되면 신체와 본심의 호소가 들려온다.

'뇌는 아침과 점심에 서른 가지 이상의 식품을 섭취하려 하지만 우리의 내장은 이미 가득 차서 더 이상 받아들일 수 없다고!'

'뇌에서는 가족을 위해 집을 신축해야 한다고 생각하지만 본심은 어때? 35년 장기 융자에 얽매이고 싶지는 않잖아?'

이처럼 자신의 신체, 본심과 대화를 할 기회가 증가한다.

그렇게 되면 깨닫는다. '생리적으로 먹고 싶지 않다면 굳이 시간에 맞춰 먹을 필요는 없잖아. 스스로를 희생하면 결국 기분만 나빠지고 주변 사람들도 불행해질 거야. 일단 내 기분을 최우선으로 하자'는 식으로.

　나는 아내와 이런 이야기를 솔직하게 나누고 절충을 봤다. 지금은 아내도 철저하게 자기우선주의다.(웃음) 먹고 싶지 않을 때는 당연히 먹지 않는다. 아내가 만든 음식이 먹고 싶지 않을 때는 가장 먹고 싶은 것을 먹는다. 아내가 자주 만들어 주는 음식은 돼지고기된장국이지만 먹고 싶지 않을 때는 내가 먹고 싶은 치킨라면이나 데친 양배추를 직접 만들어 먹는다. 나는 복잡한 식사보다 단순한 음식을 좋아한다. 따라서 요리 교실을 다니는 것이 하나의 즐거움인 아내가 만든 음식의 70퍼센트는 내 입에 맞지 않는다.(웃음) 아내는 나의 자유인 생활을 잘 알기 때문에 돼지고기된장국을 먹지 않아도 아무런 불평을 하지 않고 기분 나빠 하지도 않는다. 그리고 반대로 나도 아내의 요리에는 전혀 간섭하지 않는다. 아내는 아이들 우선으로 음식을 만드니까. 간섭을 하지 않으면 서로 편하게 살 수 있다.♪ 이것이 진정한 '존중' 아닐까.

군마현에서 한밤중에 출발하여 아와지시마까지 7시간 30분에 걸쳐 자동차를 몰고 가족 여행을 간 적이 있다. 아이들은 뒷좌석에서 완전히 곯아떨어져 있었다. 아이들이 자는 동안 줄곧 아내가 좋아하는 가수 후지이 카제 씨의 새로운 앨범을 듣게 됐다. 반복재생이어서 짜증이 나려 했지만 가만히 집중하고 들어보니 가사의 깊이와 자연스러운 표현이 너무 멋있어서 깜짝 놀랐다. 그리고 다양한 표현과 개성이 당장이라도 쓰레기 줍기를 시작할 수 있을 듯한 '바람 같은 사람'이라는 인상을 주어 나도 즉시 그의 팬이 돼버렸다.(웃음)

자신을 우선하기 때문에 타인을 간섭하거나 참견하지 않게 된다. 그것이 '상냥함'이다. '상냥함'은 자신을 희생해서 타인을 위해 사는 것이 아니다. 자신을 우선적으로 충족시켜서 타인을 위해 무엇인가 할 수 있는, 마치 비커에서 넘쳐흐르는 물 같은 것이다. 만약 내가 후지이 카제 씨의 음악이 아니라 다른 음악을 듣고 싶다면 그때는 나의 아이폰과 에어팟을 꺼내 좋아하는 가수의 음악을 들으면 된다. 아내와 각자 자신의 세상을 살면 서로 평화로울 수 있다.

쓰레기 줍기가 세속적 꿈에 도움이 될 수도 있다. 그러나 쓰레기 줍기의 본질은 인간 본래의 목적과 통한다. 그것은 자신의 좋은 기분을 스스로 만들어 내는 것이다. 그리고 기분이 좋은 사람은 타인의 세상에 간섭하지 않는다. 그렇게 되면 세상은 평화로워진다. ♪ 이 모든 인류의 꿈을 달성할 가능성을 나는 쓰레기 줍기에서 봤다. 쓰레기 줍기를 하면 여러분의 꿈에, 인생의 목적에, 마법이 걸릴지도 모른다.

삶의 만족도가 높아진다

쓰레기를 주우면서 쓰레기와 '대화'를 하기도 한다. 휙 내던져진 담배꽁초를 보고 "너는 누군가에게 도움이 됐을 거야. 너를 피운 사람은 기분이 좋았을 거야" 이런 식으로 마음속으로 말을 건넨다. 그렇게 하면 물건으로써 생명을 다한 쓰레기가 '고생했다'는 신기한 감정이 든다. 어쩌면 쓰레기뿐 아니라 사물에도 사람은 알 수 없는 '의식'이 있는 것이 아닐까, 하는 생각이 든다. 진위는 어떻든 쓰레기를 주우면 마음이 더 상냥해지고 부드러워지는 것은 분명한 사실이다.

나는 수중에 들어왔지만 사용하지 않은 물건을 자주 집으로 가지고 와 재활용한다. 예를 들어 근처의 코히칸에서

뜨거운 레모네이드를 주문하면 받침 접시 위에 종이 냅킨을 깔아준다. 그대로 두고 나오면 가게에서 쓰레기로 처리하겠지만 거의 사용하지 않았기 때문에 재활용할 수 있다. 그래서 종이 냅킨을 가지고 돌아와 내 방의 티슈 등을 넣어두는 '잡동사니용 지퍼백'에 넣어둔다. 이 '잡동사니용 지퍼백'은 아내가 한 번 사용하고 쓰레기로 버리려는 것을 내가 3년 전부터 활용해 왔다. 여섯 살인 셋째가 내 방에 와서 재채기를 했다가 콧물이 주르륵 흐르기도 하는데 그럴 때 이 지퍼백에서 티슈를 꺼낸다. 하지만 티슈라고 생각한 것이 코히칸에서 가져온 종이 냅킨이어서 "아야!" 하고 따갑다고 화를 내기도 한다.

티슈도 메모지도 자급자족

'잡동사니용 지퍼백'에는 '진짜' 티슈도 들어 있다. 99퍼센트의 사람들은 티슈를 가게에서 구매할 것이다. 하지만 매일 쓰레기를 줍는 나는 티슈를 구입하지 않는다. 쓰레기를 주우면 1000개 중에 1개 정도의 확률로 휴대용 티슈가 나온다.

그것을 주워 나의 '잡동사니용 지퍼백'에 넣어두기 때문에 티슈는 늘어나기는 해도 줄어드는 상황은 없다.(웃음) 덧붙여, 사용하지 않은 물티슈도 많이 주워 온다. 물티슈는 500개에 1개 정도의 확률로 줍는다. 특히 편의점 주변에 자주 떨어져 있다. 그래서 내 전용 창고에서는 많은 양의 물티슈들이 사용해 주기를 기다린다. 가끔은 물기가 말라버려 꺼칠꺼칠한 물티슈(?)가 나오기도 한다.(웃음) 즉, 본래 많은 사람들이 구입하는 티슈나 물티슈도 '자급자족'하는 것이다.(웃음)

우리 어머니 같은 1940년대에 태어난 세대는 신문에 끼워진 전단지의 하얀 뒷면을 사용해서 메모를 하는 분들이 많다고 들었다. 나도 일 때문에 종이를 사용하던 시절에는 광고지 뒷면이나 사용이 끝난 팩스지, 복사 용지의 뒷면을 사용해서 아이디어 등을 메모했다. 최근에는 스마트폰 애플리케이션을 이용해서 종이를 이용할 때가 거의 없지만….

또 당시의 메모는 대부분 연필을 사용했다. 첫째와 둘째가 학교에서 사용하던 몽당연필을 모아두고 그것을 연필깎이로 깎아 소중하게 사용했다. 볼펜 뒤에 몽당연필을 끼워서 3센티 정도로 짧아질 때까지 사용했다. 그런데 신기하게도 광고지 뒷면이나 몽당연필을 소중하게 사용하다 보면 물건이 응원을 해주는 듯한 느낌이 든다. 그리고 신이 선물해 주는 듯한 아이디어가 끓어올라 회의 중에 직원들을 몇 번이나 깜짝 놀라게 만들기도 했다.

현재 가진 것으로 만족한다

쓰레기 줍기를 하면 5000개 중에 1개의 확률로 볼펜이나 연필 등이 떨어져 있다. 그중 절반 정도는 아직 사용할 수 있기 때문에 주워서 소중하게 사용한다. 항상 나의 980엔짜리 워크맨 웨이스트 파우치 앞쪽 주머니에 넣고 다니는 볼펜은 고토열도 후쿠에지마의 고전적 커피숍 앞에서 주웠다. 자동차에 밟혀 먼지투성이에 펜 끝부분의 플라스틱이 깨졌지만 잉크는 충분했다. 나는 이 볼펜을 볼 때마다 고토열도의 아름다운 경치를 떠올리고 행복한 기분에 젖는다. 그리고 이 볼펜을 사용할 때마다 더욱 애착이 생긴다.

한 지인이 페이스북에 올린 내용을 보니 그는 만년필을 매우 좋아해서 400개 이상의 만년필을 모았다고 한다. 좋아하는 물건들에 둘러싸여 사는 삶은 즐겁다. 나도 어린 시절에는 부모님의 돈을 훔쳐서까지 근육맨 지우개를 닥치는 대로 모았기 때문에 수집의 즐거움을 잘 안다.(웃음) 하지만 수집에는 한계가 없다. 아무리 많이 수집을 해도, 아무리 오랜 기간에 걸쳐 수집을 해도 만족을 느낄 수 없다. 이른바 '모어 앤드 모어(More and more)'의 세계다. '좀 더! 좀 더!'가 돼 정상적인 욕심이 어느 틈엔가 '탐욕'이 되고 이기심을 조장하기도 한다.

나는 쓰레기 줍기를 시작한 이후에 특히 이 '모어 앤드 모어'가 자연스럽게 줄어들어 '현재 가진 것으로 만족'하는 때가 증가했다. 그러자 이것이 말로 표현할 수 없는 안정적인 기분을 느끼게 해줬다. 곤도 마리에 씨의『정리의 힘』이라는 책이 있다. 이 책에서는 '가슴 설레는 것만을 남긴다'는 사고방식으로 물건을 정리하라고 말한다. 우리는 "이건 아까워", "아직 사용할 수 있어"라고 말하며 이성적, 합리적 판단을 내리지만 곤도 마리에 씨는 '감성'을 기준으로 정하라고 말한다. '가슴이 설레는' 것만 남긴다는 주장은 코페르니쿠스적 전환이다.

그렇다면 내게 궁극적인 '설렘'을 느끼게 해주는 것은 무엇일까. 바로 쓰레기를 줍다가 얻은 물건들이다. 또는 누군가가 사용하고 쓰레기로 버리려는 것을 '구제'하여 내 동료로 만든 물건들이다.

예를 들어 쓰레기 줍기를 하면 1만 개에 한 개 정도의 확률로 비닐봉투에 든 미개봉 플라스틱 숟가락을 발견한다. 내가 집에서 식사를 할 때 애용하는 숟가락도 쓰레기를 줍다가 주운 숟가락이다. 앞으로 편의점 숟가락도 환경 문제라는 관점에서 지속적으로 줄여나가면 언젠가 플라스틱 숟가락이 역사의 유산으로 프리미엄이 붙어 수십만 엔에 팔릴지도 모른다.(웃음) 나는 숟가락을 주워서 조달하기 때문에 앞으로 평생 숟가락을 구매할 일은 없을 것이다. 이 주운 숟가락들이 너무 귀여워서 부러지지 않도록 소중하게 사용한다.

하지만 최근 히로시마현에서 손꼽히는 초능력자 히비키 진 씨에게 숟가락을 구부리는 방법을 배웠기 때문에 근처 100엔숍에서 숟가락 열 개를 처음이자 마지막으로 구입했다. 덧붙여, 구부린 숟가락은 휴대용 숟가락으로 가지고 다니면서 사람들과 식사를 할 때 이야깃거리로 이용한다.(웃음) 이 숟가락으로 식사를 하면 '나는 무엇이든 할 수 있다'는 자기암시가 작용해서 이 또한 자기긍정감, 자기효력감이 높아진다.

대부분의 소모품은 쓰레기 줍기로 조달

쓰레기를 줍다 보면 사실 대부분의 소모품은 쓰레기 안에서 조달할 수 있다는 사실을 깨닫게 된다.(웃음) 예를 들면 고무 밴드도 흔히 떨어져 있다. 300개에 1개 확률이다. 떨어진 고무 밴드는 햇살이나 바람에 노출돼 있었기 때문에 끊어지기 쉬운 것들이 많지만 새것처럼 말짱한 것들도 자주 떨어져 있다. 내 방에 있는 고무 밴드는 모두 쓰레기를 줍다가 주운 것들이다. 덧붙여 헤어밴드도 자주 떨어져 있다. 고무 밴드보다 강하기 때문에 많은 활약을 해준다. 언젠가 주운 헤어밴드로 아이들의 머리카락을 묶어줬다가 아내가 엄청나게 화를 낸 적도 있다. 깨끗한 헤어밴드였는데….

코로나가 발생하면서 극단적으로 줄어든 쓰레기가 이쑤

시개다. 이전에는 음식점 주변에 자주 떨어져 있었지만 코로나가 발생한 이후에는 이쑤시개가 엄청나게 줄어들었다. 쓰레기를 줍다 보면 그런 시류도 깨닫는다. 봉투에 든 미개봉 이쑤시개도 5000개 중에 1개 확률로 떨어져 있다. 그렇기 때문에 이쑤시개도 자급자족할 수 있다.(웃음)

'물건의 아픔'도 이해할 수 있게 된다

쓰레기 줍기를 하면 '물건의 아픔'도 이해하게 된다. 사용하지도 않았는데 버려진 물건, 아직 사용할 수 있는데 길가에 떨어진 시점에서 '더러운 쓰레기'라는 낙인이 찍히는 아픔. 물건으로써 생명을 다하지 못한 쓰레기를 보면 안타까운 동정이 끓어오를 때가 있다. 또 버려진 물건은 무조건 쓰레기, 더러운 것으로 여기는 사람이 많다. 이런 가치관의 배경에는 '이것은 내 것, 저것은 타인의 것', '이것은 깨끗하다, 저것은 더럽다'는 분리의 가치관이 있다. 단순하게 말하면 자신과 타인, 자신과 '그 외'를 분리시켜 생각하는 가치관이다. 나는 '그런 가치관은 외롭다'고 생각하기 때문에 도전적인 자세로 굳이 버려진 물건을 알차게 사용한다. 나의 작은 자기표현이라고 할 수 있다.

물건을 소중히 여기는 마음은 아름답다고 여긴다. 하지만 물건을 지나치게 소중하게 여기면 '궁상맞다'거나 '인색하다'는 말을 듣게 된다. 나는 비교적 나의 축을 중심으로 살기 때문에 타인에게 무슨 말을 듣건 별 신경을 쓰지 않고 물건을 소중하게 여긴다. 이것은 "물건을 소중하게 여기다니 훌륭하십니다"라는 말을 듣기 위해서가 아니다. 재활용 기업 경영자로서 갖추어야 할 자세를 갖췄다고 뽐내기 위해서도 아니다. 지구 환경에 공헌하기 위해서도 아니다. 몇 번이나 반복하지만 나는 내 기분을 좋게 하기 위해, 물건을 소중히 여긴다.

코로나 이전의 초가을 무렵, 문득 홋카이도 시레토코에 가보고 싶어져 집을 나섰다. 렌터카를 빌려 혼자 시레토코를 돌려니 마침 연어가 돌아오는 시즌이라 시레토코의 라우스가와에 엄청난 양의 연어들이 강을 거슬러 올랐다. 여느 때처럼 그 다리 주변의 쓰레기를 주우면서 연어들을 지켜보는데 다리 밑에 흰색과 핑크색이 섞인 아름다운 손수건이 떨어져 있었다. 나는 플러스 발상을 하는 사람이다. 그리고 내 생각을 잘 믿는다. "이건 시레토코에 촬영을 온 배우 이시하라 사토미 씨가 떨어뜨린 손수건이야"라고 마인드 세팅을 했다. 그리고 그 손수건을 가방에 넣고 돌아와 그 후 3년 동안 잃어버리기 전까지 소중하게 사용했다.(웃음) 그 손수건을 사용할 때마다 이시하라 사토미 씨와 시레토코의 아름다운 대자연을 떠올리며 행복한 기분에 젖을 수 있었다. 즉, 그저 기분을 좋게 만들기 위해 주운 물건을 내 멋대로 아름답게 오해하고 믿고 즐긴 것이다. 사람들이 무슨 말을 하건 '나 하고 싶은 대로 한다'는 것이 그야말로 본인의 축으로 살아가는 키워드다.

> 아름다운 오해로 좋은 기분을 만든다

그 밖에도 배우 히로세 스즈 씨가 떨어뜨린 (것이라고 생각하는) 헤어밴드나 고토열도 후쿠에지마에서 주운 배우 가와구치 하루나 씨가 떨어뜨린 (것이라고 생각하는) 팔찌 등 수많은 연예인 굿즈를 가졌다.

이런 이야기를 하면 이성과 지성으로 넘치는 사람들은 "한심해. 그럴 리가 없잖아"라고 말한다. 하지만 내가 전하고 싶은 내용은 물건을 보는 견해, 사고방식 하나로 얼마든지 행복을 느낄 수 있다는 것이다. 거리에서 주운 쓰레기에서조차 행복을 얼마든지 무한대로 느낄 수 있다. 앞서 말한 것처럼 인생은 아름다운 오해로 이뤄지는 것이다.

우리는 '진실을 알고 싶다'거나 '진실은 대체 어느 것인가?'라고 진실을 파헤치기 위해 많은 노력을 기울인다. 그러나 그 진실조차 대부분 우리의 믿음이 만들어 낸다. 그러니까 '자신이 진실이라고 생각한 것이 진실'이다. '증거를 쌓아 진실처럼 보이는 것이 진실'이다.

또 '진실 폭로'가 심해지면 서로 진실처럼 보이기 위해 "이건 모략인가?", "이 증거는 수상해"라며 심판이 시작되고 마음의 바늘은 기분 나쁜 쪽을 가리킨다. 그렇다면 처음부터 진실 폭로는 적당히 하고 그 사상을 어떻게 포착하는가에 주력하는 쪽이 훨씬 더 기분을 좋게 만들지 않을까.

스스로 아름다운 오해를 적극적으로 만들어 보는 것은 어떨까. 나는 12년 전에 마치 전기에 감전된 듯 이런 생각을 했다. 그 이후, 여러 상황에서 아름다운 오해를 만들었고 '산타클로스는 정말로 존재한다'는 순진무구한 유치원 아이 같은 망상도 믿게 됐다.

2022년 7월에 신주쿠의 미라이나타워에서 한 기업당 176만 엔을 내야 하는 '실천경영학원'이라는 고액 세미나 강사로 등단했다. 여느 때처럼 신주쿠의 호텔에서 쓰레기 줍기를 하면서 강연장을 향해 걷다가 아름다운 자수와 금실이 들어간 핑크색 폴앤조 손수건을 주웠다. 물론 그 자리에서 내 것으로 만들었다.(웃음) 참고로 주인을 특정할 수 있는 물건은 내 것으로 만들지 않고 잃어버린 사람이 찾기 쉽도록 근처의 눈에 잘 띄는 장소에 놓아둔다. 얼마 전에는 에어팟이 케이스째 떨어져 있었기 때문에 사람들의 발길에 밟히지 않도록 길가 쪽으로 옮겨놨다.

한편, 그렇게 주운 손수건을 나는 배우 이시하라 사토미 씨 것이라고 단정(하기로)했다.(웃음) 시레토코에서 주운 사토미 씨의 손수건을 1년 전에 잃어버린 이후 손수건이 필요했기 때문이다.(웃음)

이 이야기를 경영자를 대상으로 하는 그 세미나에서 하고 수강자 중 한 명에게 냄새를 맡게 했더니 "꽃 냄새가 납니다. 이건 이시하라 사토미 씨가 떨어뜨린 것이 분명합니다!"

233

라고 말해서 나의 망상은 확신으로 바뀌었다.(웃음) 물론 웃자고 한 이야기지만 사람들에게는 매우 진지하게 받아들여졌다. 어떤 수강자는 이렇게 말했다. "특이한 분이라고 듣기는 했는데 이 정도까지인 줄은 정말 몰랐습니다"라고.(웃음)

나는 이 손수건을 사용할 때마다 매우 행복한 기분에 젖는다. 이시하라 사토미 씨의 손수건이라는 이유에서만이 아니다. 내가 주워서 재활용하는 것으로 물건의 생명을 연장하는 '좋은 일을 했다'는 믿음 때문이다. 그리고 주운 손수건을 아무렇지 않게 사용하는, 자타동연에 조금씩 다가가는 나 자신을 더할 나위 없이 사랑스럽다고 생각하는 'I love myself ♪' 때문이다. 이 손수건은 여전히 그야말로 '애용'한다.

파워 스폿은 운이 올라가는 장소다. 나는 주운 물건이나 받은 물건을 멋대로 '파워 굿즈'라고 부른다. 문자 그대로 내게 '운을 가져다 준' 물건이다. 이렇게 운이 좋은 물건은 없다.

물건을 소중하게 여긴다 ≠ 절약

물건을 소중하게 여긴다고 말하면 "절약가시군요"라는

말을 듣곤 한다. 하지만 나는 절약가는 아니다. 내가 혼자 사용하는 800킬로그램이나 나가는 침대는 퀸사이즈고, 통칭 '구름 위의 침대'다. 오리털 이불과 세트로 250만 엔을 주고 샀다. 덧붙여 이 침대를 구매한 '논리'는 지극히 경영자적 발상에 따랐다.

'나는 앞으로 이 침대에서 1만 2500일은 잘 거야. 그렇다면 250만 엔을 주고 구입해도 하루에 200엔이야. 잠을 자는 시간은 하루에 8시간으로 잡으면 1시간당 25엔. 매시간을 불과 25엔을 들여 행복하고 쾌적한 수면을 취할 수 있는 덕분에 나의 생산성이 1.2배가 된다고 계산하면, 연간 3억 엔의 가치 창출이 3억 6000만 엔이 되니까 비용 대비 효과는 상당히 높은 거야'라는 논리다. 나는 기본적으로 혼자 잠을 자지만 아내가 가끔 이 침대에서 잠을 자면 '사람을 못 쓰게 만드는 침대'(그 정도로 편하고 숙면을 취할 수 있어서)라고 표현한다.

이야기를 돌려보자. 물건을 소중하게 여기는 것은 절약과는 다르다. 절약은 자신의 돈을 아끼는 행위다. 그리고 절약이라는 행위의 근본에 존재하는 것은 '불안'이다. 미래의 불안에 대비하여 저축을 하는 행위다. 나는 나의 미래를 위해 절약을 한다는 발상은 별로 없지만 세 아이의 아빠로서 나름대로 저축도 필요하다고 생각하기는 한다. 하지만 이 절약은 자칫 에너지가 안쪽을 향할 수 있다. 미래에 대한 불안을 지나치게 키우면 현재의 즐거움을 줄이거나 참게 된다. 예를 들어 캠핑을 좋아하는데 아이들의 사교육을 위해 좋아하는 캠핑용품을 구입하지 못하고 참는 것이다. 그렇게 절약하다 보면 자기도 모르게 불평이 나온다. "내가 누구를 위해 참는데! 이렇게 힘들게 벌어서 뒤치다꺼리를 하면 공부 좀 열심히 해야 할 것 아냐!"라는 식으로. 따라서 절약은 자칫 미래를 위해 자신의 현재 에너지를 소모하는 행위가 될 수도 있다.

쓰레기 줍기는 일상을 즐기는 방식

나의 '물건을 소중히 여기는' 삶은 사실 '생활을 즐기는' 것과 통한다. 물건을 구매하면 만족을 한다. 원하는 물건을 손에 넣었으니까. 하지만 나처럼 물건을 거의 구매하지 않고 주운 쓰레기를 재활용하거나 누군가가 쓰고 버린 것을 재활용하다 보면 뜻밖의 만남에 감동하게 된다. '휴대용 숟가락이 있으면 좋겠다고 생각했더니 편의점 근처에 아직 사용하지 않은 숟가락이 떨어져 있었다!'는 감동. '주운 손수건을 사용하니 주웠을 때의 상황이 떠올라 그 손수건에 대한 애정이 자연스럽게 끓어오른다'는 감동. 또는 떨어져 있던 볼펜을 깨끗하게 닦아서 쓸 수 있게 만드는 생활의 즐거움.

쓰레기 줍기를 습관화하면 쓰레기가 사랑스럽게 느껴진다. 쓰레기는 물건으로써 생명을 다한 모습이다. 그 마지막 모습의 물건을 만나, 때로 대화를 나누다 보면 물건을 정말로 소중하게 여기게 된다. 물건을 소중하게 여기게 되면 물건을 최대한 살릴 생각을 하게 되고 지혜가 떠오른다.

주운 손수건의 양이 증가하면서 내 찢어진 훈도시(속옷)에 덧대는 데 사용해야겠다는 아이디어가 떠올랐다. 언뜻 생각하면 쓸데없는 행위일 수 있다. 훈도시는 온라인에서 한 장에 500엔 정도면 구매할 수 있다. 나의 가상연봉은 1억 엔이다. 2000시간으로 나누면 가상 시급은 5만 엔이다. 그렇다면 시급 5만 엔인 사람이 30분에 걸쳐서 손수건으로 500엔짜리 훈도시를 덧대면 2만 5000엔 분의 '인건비를 소모'하는 것이다. 생산성이나 효율성이라는 측면에서 생각하면 훈도시를 깁는 행위는 난센스 중의 난센스다.

하지만 인생의 목적은 무엇일까. 무엇인가를 달성하는

것도 부자가 되는 것도 생산성을 높이는 것도 인생을 언젠가 여유 있게 즐기기 위한, 언젠가 편하게 생활하기 위한 행위가 아닐까. 대부분 현재를 희생해서 미래의 즐거움이나 쾌락을 꾀하는 것이 아닐까. 그렇다면 언젠가 손에 넣게 될 즐거움도 중요하지만 현재부터 즐기는 것은 어떨까. 인생을 즐기는 방식의 문제겠지만 돈을 사용해서 즐기는 것도 즐거운 행위다. 영화도 쇼핑도 드라이브도 여행도 비일상적인 즐거운 경험이다. 나도 자주 경험해 왔고 지금도 가끔 즐긴다.

하지만 단순하게 자신의 생활을, 자신의 평소 일상을 즐기면 어떨까. 돈을 그다지 사용하지 않아도 일상을 즐기겠다고 생각하면 얼마든지 즐길 수 있다. 흔해 빠진 일상이라고 생각했던 하루야말로 즐거운 경험이 된다. 쓰레기 줍기라는 일상도 매회 새로운 쓰레기와의 만남이 있다. 또 주운 물건이나 버려진 물건을 생활에 재활용한다는 창조적인 즐거움을 만들 수도 있다. 주운 손수건으로 500엔짜리 찢어진 훈도시를 깁는 것 또한 생활을 즐기는 방법 중 하나다. 나는 이런 생활이야말로 최고로 사치스러운, 그 무엇과도 바꿀 수 없는 시간이라고 생각한다.

내가 사용하는 탱크톱 중에 8년을 입은 것이 있다. 799엔에 구매한 탱크톱이다. 2500일 이상, 계속해서 입은 결과 튼튼했던 천이 얇아져 속이 비치는 레이스처럼, 고품질 실크처럼 감촉이 매우 좋아졌다. 옷단은 흐트러지고 앞뒤의 길이가 다르다. 여기저기에 구멍도 나서 가끔 집으로 놀러 오신 장모님은 이 탱크톱을 볼 때마다 "이런 누더기를 입다니!"라고 고개를 젓는다고 한다.(웃음) 하지만 이 탱크톱, 내 입장에서 본다면 8년이 지난 천연 빈티지 제품이다. 우리 중고의류점에 내놓는다면 '쓰레기'로 처리돼 즉시 폐기가 될 정도로 가치가 없는 물건이지만 내 입장에서 보면 8년 동안이나 나와 함께해 온 '전우'이며 7만 9000엔의 가치가 있는 귀중한 프리미엄 탱크톱이다. 최근에는 너무 귀중해서 평상복으로는 입지 않을 정도다.(웃음)

나는 쓰레기 줍기를 하면서 물건을 대하는 방식을 바꾸었다.

앞에서 설명한 대로 물건이나 사람은 모두 명사다. 에너지를 기준으로 말한다면 명사 자체에는 아무런 의미가 없

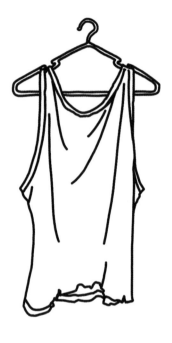

다. 플러스-마이너스 제로다. 하지만 그 물건이나 사람에게 어떤 에너지를 주입하는가에 따라서 현실이 바뀐다. '손수건은 이 손수건으로 만족해'라고 생각해서 좋은 기분을 느낄 수도 있고 '나는 폴앤조가 아니라 에르메스 손수건을 가지고 싶었는데'라고 생각하면 기분이 나빠지기도 한다. 몇 번이나 말했듯 '좀 더'라는 벡터는 '부족함'을 바탕으로 생각하는 사고방식이기 때문이다. 부족함이 많이 보이는 현실을 스스로 만들어 내는 것이다. 그렇다면 주어진 물건을 사랑하고 만족하는 삶 쪽이 행복이라는 관점에서 보면 훨씬 '이득'이다. 이미 '존재하는' 물건에 스스로 즐거운 망상이나 오해를 불어넣고 그것을 믿는다면 부족한 인생에서 만족스러운 인생으로 바뀐다.

물건도 사람 대하듯 친절하게

그리고 깨달은 것은 물건을 대하는 방식, 즉 물건에 방사하는 에너지는 사람을 대하는 방식, 즉 사람에 방사하는 에너지와 같다는 사실이다.

8년 동안 사용한 누더기 탱크톱이라면 사람들 대부분은 낡았다고 버릴 것이다. 그렇다면 88년 동안 살아온 노인이라면 어떨까. '사람의 목숨은 소중하다'는 관념을 믿으니까 '사람과 물건은 다르다'고 생각할 것이다. 하지만 본래 발산하는 에너지는 같다. '낡은 누더기는 필요 없어서 버린다'는 에너지가 본래의 에너지다. 다만 '사람에게는 그렇게 적용하면 안 된다'는 인도적 관념이 있기 때문에 그 에너지를 억제하는 것뿐이다. '본심'은, '진짜 에너지'는 순수하고 솔직하다.

그러니까 타인을 상냥하게 대하고 노인을 소중하게 대하면서 물건은 상냥하고 소중하게 대하지 않는다면 '본래의 에너지'라는 관점에서 보면 논리가 맞지 않는다.

진정한 사랑을 깨닫게 된다

에너지적 관점으로 말한다면 물건을 소중하게 여기는 것은 사람을 소중하게 여기는 것이다. 물건을 함부로 다루건 소중하게 다루건 물건과의 이해관계는 아무것도 없다. 하지만 사람은 다르다. 인간관계에는 이해관계가 있기 때문에 물건을 대할 때처럼 '순수한 에너지'를 내기는 어렵다. '내 부모님이니까 간병을 하지 않으면 친척들이 뭐라고 말할지 알 수 없고 아이들도 나중에 나를 간병하지 않을지 몰라. 그러니까 인도적으로 보건 이해득실로 보건 최대한 부모님을 간병하는 모습을 보여줘야 돼'라고 생각하여 부모님을 간병하는 사람도 있을 수 있다. 그렇다면 자신에게서 나오는 순수한 에너지를 자신의 관념을 사용해서 굴절시킨다고 볼 수 있지 않을까.

쓰레기를 줍다 보면 물건에 상냥해진다. 물건을 함부로 대하지 않게 된다. 물건을 존중하게 된다. 존중하는 에너지가 자연스럽게 나온다. 그것이 사람을 대할 때도 자연스럽게 나온다. 에너지적 관점으로 말하면 물건을 존중하는 것은 사람을 존중하는 것과 같다. 그 존중하는 에너지가 갖춰지면 타인에게 간섭하지 않는다. 그 사람의 자유를 존중할 수 있기 때문이다. 그리고 이것이야말로 '진정한 사랑'이 아닐까. 사랑이란 누군가에게 무엇인가를 해주는 것이 아니라 상대방의 자유의지를 존중하고 간섭하지 않는 것이다.

쓰레기 줍기를 하면서 물건을 소중하게 여기면 인생에 '진정한 사랑'이라는 마법이 걸릴지 모른다.

3

100만 개의 행운을 주운
쓰레기 아저씨의 노하우♪

초보자의 첫걸음

쓰레기 줍기를 시작하려는 생각이 있다면 일단 집에서 나와 길가에 떨어진 쓰레기를 줍자. 우선 실천해 보는 것이다. 쓰레기를 딱 한 개만 주워도 상관없다. 봉투도 필요 없다. 한 개의 쓰레기만 주워도 일일일선은 달성한다.

나처럼 좀 더 적극적으로 쓰레기를 주워보고 싶다면 비닐봉투를 준비하자. 비닐봉투는 어떤 것이건 상관없다. 경험상 손잡이가 있는 것이 오랜 시간 동안 쓰레기를 주울 때 편하다. 맨손으로 쓰레기를 주우면 담배꽁초 냄새가 손에 밸 수 있다. 그게 걱정된다면 한 번 사용한 비닐장갑을 끼고 주우면 된다. 물론 비닐봉투를 뒤집어서 손을 넣고 주운 뒤에 다시

뒤집는 방법도 있다. 이런 식이라면 일부러 비닐장갑을 구매하지 않아도 얼마든지 재활용이 가능하니까 일석이조다.♪

맨손이 싫은 사람은 목장갑이나 고무장갑을 사용해도 된다. 목장갑은 구멍이 뚫려서 손가락 끝에 담배 냄새가 남지만 작업용 고무장갑은 손에 냄새가 배지 않는다. 손으로 주우면 고랑에 빠진 담배꽁초를 줍는 등 세밀한 동작도 가능하기 때문에 완벽주의자 성향인 사람은 집게보다 고무장갑이 좋을 수 있다. 덧붙여 나는 목장갑이나 고무장갑도 모두 쓰레기를 줍다가 공짜로 조달한다.(웃음)

사람들의 시선이 신경 쓰인다면

쓰레기 줍기를 하면서 주변 사람들의 시선이 신경 쓰이는 분들도 적지 않을 것이다.(웃음) 또 누군가는 쓰레기 줍기가 숨은덕을 쌓는 행위라고 한다. 따라서 사람들의 눈에 띄지 않고 몰래 선행을 쌓는 데서 미덕을 느끼는 분들도 있을 것이다. 그런 생각 자체는 '숨은덕 쪽이 우주은행에 선행을 적립하기 쉽다'는 자신의 사고나 믿음이 만들어 내는 것이다. 애당초 에너지에는 선악이라는 개념은 전혀 없다. 그것은 인간의 사고가 만들어 낸 관념에 지나지 않는다.

하지만 갑자기 쓰레기 줍기를 시작하면 "저 사람 갑자기 왜 쓰레기를 줍는 거야? 무슨 이상한 종교에라도 빠진 것 아냐?"라는 말을 들을까 봐 걱정하는 분도 있을 수 있다.

249

쉬운 방법으로는 지역에서 봉사활동으로 쓰레기를 줍는 모임에 가입하는 방법이 있다. 하지만 이것은 한 달에 한 번 정도로 활동이 제한되는 것이 문제다. 또한 집단으로 쓰레기를 주우면 주변 사람들이 예상 밖으로 쓰레기를 많이 줍기 때문에 내가 주울 쓰레기도 별로 없다. 그래서 혼자 쓰레기를 주우면서 덜 부끄러운 최소한의 기술을 소개한다. 나는 구조화 경영 컨설턴트이기 때문에 누구나 할 수 있도록 구조를 만드는 것이 특기다.(웃음)

근처 사람들의 시선이 신경 쓰이는 사람은 목에 직원용 명찰을 하나 걸어보자. 이름표에는 아무거나 적당히 기입한다.(웃음) 이렇게 하면 암암리에 '나는 이 구역의 직원'으로 보일 수 있다. 예를 들어 길가에서 이런 목걸이를 한 사람이 쓰레기를 줍는 모습을 보면 사람들 대부분은 '근처 회사에서 일하는 사람'이라고 생각한다. 따라서 부끄러움은 상당 부분 줄어든다. 나는 쓰레기 줍기가 부끄럽다는 생각을 해본 적이 없어서 이런 시도는 전혀 해보지 않았지만.(웃음)

사람들의 시선이 신경 쓰인다면 집 근처가 아니라 공공 장소를 노리는 방법도 권할 만하다. 특히 좋은 곳이 공원이다. 사람들이 많은 공원일수록 쓰레기가 많다. 쓰레기의 수로 보면 주택가가 가장 적고 상점가, 공원, 역 등의 공공시설 순서다. 우리 집 근처에는 교외형 점포들이 많은데 대형 점포 주차장 주변에도 쓰레기가 많이 떨어져 있다. 어쨌든 고객이 많고 매장 면적에 비해 직원이 적은 장소는 노릴 만하다.(웃음) 그 대표적인 예가 대형 할인매장으로 쓰레기 줍기 메카 중의 메카다. 편의점도 주차장이나 가게 주변에 쓰레기가 비교적 많이 떨어져 있다. 편의점 안의 상품은 소비되면 모두 쓰레기가 나오니까.(웃음) 단, 직원의 관리 체제가 확실하게 갖춰진 편의점은 몇 시간에 한 번 정도 주차장을 청소하기 때문에 비교적 깨끗하다.

카페, 커피숍, 패밀리레스토랑도 매장의 크기에 비해 직원들의 수가 적기 때문에 주차장이 무법지대가 되는 때가 많다. 우리 집 근처의 패밀리레스토랑은 직원 수가 적고 24시간 영업을 하기 때문에 100퍼센트 확률로 쓰레기가 많이 떨어져 있다. 또 주택가라고 해도 관리인이 없는 빌라 주변은 아무래도 지저분한 경향이 있다. 단독가구가 많은 지역 주변도 비교적 쓰레기가 많은 장소다. 또 관광객이 많은 지역에도 쓰레기가 많이 떨어져 있다.

> 아저씨가 활약하는 시공간

여행을 가서 쓰레기가 많은 대표적인 장소는 고속도로 휴게소와 역 주변이다. 고객이 많은 지역일수록 쓰레기가 많이 떨어져 있다. 등산로도 권할 만한 장소다. 가끔 불법투기한 커다란 쓰레기도 눈에 띄는데 역시 그런 건 주울 수 없기 때문에 하이킹 코스의 휴게소에 떨어진 담배꽁초나 페트병, 사탕 포장지 등을 중심으로 주우면 된다.

학교 주변도 쓰레기가 꽤 있다. 우리집 근처에 있는 나의 모교 군마현립오타고등학교는 현내에서 손꼽히는 진학교인데 주변에 많은 쓰레기들이 떨어져 있다. 선생님과 학생들 모두 공부에만 신경을 쓰느라 발치의 쓰레기에 신경을 쓸 여유가 없기 때문인지도 모른다.(웃음)

또 도로라면 상습적인 정체 구역을 권할 만하다. 정체 때문에 마음이 초조해진 사람들이 짜증이 나서 차창 밖으로 쓰레기를 던지기 때문이다. 쓰레기를 주울 때는 차도로 나가면 위험하니까 보도에서 손을 뻗어 집게로 주울 수 있는 것만 줍자. 차도의 커다란 쓰레기가 신경 쓰이는 사람은 이른 아침이나 일요일 아침 등 교통량이 적을 때를 노리는 것이 좋다. 마치 낚시에서 대물을 낚은 것처럼 짜릿한 기분을 맛볼 수 있다.(웃음)

축제를 하는 도중, 축제가 끝난 이후는 내가 쓰레기 줍기에서 가장 의욕이 샘솟는 때다.(웃음) 축제 때는 수많은 이동식 가게들이 등장하기 때문에 꼬치구이의 꼬치나 종이컵, 빨대 등 엄청난 쓰레기들이 나온다. 축제 도중에 쓰레기를 주우면 "여기 버려도 되나요?"라면서 내 손에 들린 봉투에 쓰레기를 넣는 사람도 있다. 축제 봉사요원으로 생각하는 듯하다. 한 푼의 이익도 없지만 누군가에게 기쁨은 줄 수 있는, 이런 내가 사랑스럽고 자랑스럽게 느껴지는 순간이다.(웃음)

그리고 축제 도중에는 평소에는 쓰레기를 주울 수 없는 차도가 보행자도로가 돼 당당하게 쓰레기를 주울 수 있다! 나처럼 쓰레기 줍기를 습관적으로 실행하는 사람에게는 1년에 한 번 정도의 슈퍼 이벤트다. 마치 레드카펫을 걷는 기분으로 한껏 들떠서 즐겁게 쓰레기를 주울 수 있다.♪

그리고 축제 다음 날 아침은 정말 행복한 시간이다.(웃음) 축제 주최자가 미처 치우지 못한 작은 쓰레기들이 많이 떨어져 있기 때문이다. 축제가 끝난 장소를 보면 많은 사람들이 아쉬워하지만 내 입장에서는 축제 이후야말로 최고로 활약할 수 있는 때다.♪

중급자,
상급자를 위한 지침

쓰레기 줍기를 시작해 보고 '쓰레기를 주우면 기분이 좋아. 무슨 느낌인지 알 것 같아! 좀 더 본격적으로 해보자'는 생각이 든 분이라면 중급자다.(웃음)

중급자가 됐다면 쓰레기 줍기를 위한 집게를 구입하자. 권하는 것은 에이즈카제작소의 '매지프'다. 나는 이 회사에서 광고비는 단돈 1엔도 받은 것이 없으니까 안심해도 된다.(웃음) 순수하게 정말 좋은 집게를 소개하는 것이다. 이 집게는 색상이 화려하고 귀엽기 때문에 사용하다 보면 기분이 좋아진다.♪ 더구나 튼튼하다. 매일 쉬지 않고 사용해도 3년은 사용할 수 있다. 이른바 비용 대비 효과도 만점이다.♪ 자신의 키가 150센티 이상이면 60센티짜리 집게를, 이하면 46센티짜리 집게를 권한다.

또 나처럼 전국 각지, 세계 각지를 돌아다니면 쓰레기를 주울 사람에게는 평소에는 60센티짜리 집게, 비행기를 타고 이동할 때는 46센티짜리 집게를 권한다. 앞에서 설명했지만 46센티 집게라면 커다란 가방에 넣을 수도 있고 기내로 반입도 가능하다.

쓰레기 줍기용 봉투는 우선 기본적인 봉투 한 개와 예비용 봉투를 접어서 호주머니나 가방에 넣고 다니기를 권한다. 쓰레기를 줍다 보면 봉투가 부족할 때가 있기 때문이다. 그리고 한편으로는 재활용 쓰레기와 그 밖의 일반 쓰레기를 분류하는 쪽이 나중에 분리하기 편하다는 점도 있다. 기본 봉투를 담배꽁초나 휴지 등을 줍는 봉투로 사용하고 예비용 봉투를 페트병이나 빈 캔을 담는 봉투로 사용하면 좋다. 양쪽 모두 손잡이가 있는 것을 사용해야 쓰레기를 담기 편하다.

중급자는 쓰레기봉투를 두 장 사용하면 편하다 ♪

상급자라면 가슴 설레는 쓰레기봉투를 사용해 보자. 내가 흔히 사용하는 것은 색깔이 예쁜 쓰레기봉투다. 기분을 좋게 만들려면 색깔이라는 요소도 매우 중요하다. 나의 여름 정장은 파스텔 그린의 짧은 반바지다. 내가 가장 좋아하는 색깔이다. 마음을 가볍게 만들기 위해서라면 '가벼운 색깔'이 좋다. 초등학교 6학년생인 둘째가 자주 구매하는 핑크라테라는 패션브랜드가 있다. 그 브랜드에서 쓰는 봉투는 귀여운 핑크색으로 화려하며 비닐이 두껍고 튼튼하다. 그야말로 가슴 설레는 색깔이다. 2022년 상반기 내내 핑크라테 봉투를 사용했다. 한때 군마현 명물 군만두꼬치를 주워 쓰레기봉투에 넣었더니 튼튼한 핑크라테 봉투가 찢어져 버렸기 때문에 천테이프로 수술, 보수를 했다. 그랬더니 핑크라테 쓰레기봉투가 정말 기뻐해 줬다.(그런 느낌이었다.♪)

쓰레기 줍기가 끝나면 나 같은 상급자는 봉투 안의 쓰레기만 버리고 봉투는 재활용한다. 만약 음식물쓰레기를 주워 냄새가 난다면 호스를 사용해서 물로 깨끗하게 내부를 씻어내고 거꾸로 걸어두며 대부분의 냄새는 제거된다. 그래도 신경이 쓰인다면 버리면 된다. 내가 최근 애용하는 또 하나의 쓰레기봉투는 디즈니랜드 봉투다. 디즈니랜드는 비즈니스를 정말 잘한다.(웃음) 필요 없는 것까지 충동구매를 하게 만든다. 바꿔 말하면 쓰레기를 양산하는 것이지만. 디즈니랜드는 꿈의 나라다. 하지만 진짜 꿈의 나라는 쓰레기가 적은 나라라는 생각으로 오늘도 디즈니랜드 봉투를 사용해 쓰레기를 줍는다.♪

언젠가 쓰레기 줍기를 하다가 문득 아이디어가 떠올랐다. 우리 회사가 운영하는 가게 중에 고급 브랜드를 취급하는 골디즈라는 재활용상점이 있다. 그 상점에 루이비통이나 에르메스 등의 쇼핑백이 많이 있다. 그 백을 쓰레기 줍기에 활용해 보자는 아이디어가 떠오른 것이다! 하지만 유감스럽게도 모두 종이봉투뿐이었다. 루이비통의 비닐봉투로 쓰레기를 주울 수 있다면 얼마나 멋질까 하는 나의 꿈은 산산히 부서졌다.(웃음) 어쨌든 쓰레기 줍기를 할 때는 '가슴이 설레는' 봉투를 사용해서 더 기분이 좋아지게 해야 한다. 쓰레기 줍기의 목적은 기분을 좋게 하는 것이니까.♪

우리 집 근처의 쓰레기를 주울 때는 차고에 쓰레기봉투를 가지고 와서 나의 '쓰레기 처리장'에서 분리를 한다. 불에 타는 쓰레기, 페트병, 페트병 뚜껑, 유리병, 캔, 건전지 등 지역의 규칙에 맞게 분리를 한다. 주운 쓰레기의 수가 적으면 집게로 분리가 가능하지만 양이 많으면 힘들다. '쓰레기 처리장'에 장갑을 준비해 두면 편하다. 장갑을 끼고 분리를 하면 쾌적하게 분리할 수 있으니까.♪

쓰레기 분리에 관해서 한마디 덧붙이고 싶다. 쓰레기를 줍는 목적은 마음을 가볍게 만들기 위해서다. 기분을 좋게 만들기 위해서다. 그런데 쓰레기를 줍는 것은 좋지만 '규칙대로 완벽하게 분리하지 않으면 기분이 불편하다'거나 '확실하게 분리하지 않으면 죄악감이 느껴진다'고 말하는 분들이 있다. 하지만 잘 생각해 보자.

쓰레기를 버린 사람은 누구인가. 그것을 주운 사람은 아닐 것이다. 쓰레기 분리는 그 쓰레기를 만든 사람, 판매한 사람, 버린 사람들의 책임이다. 주운 사람의 책임이 아니다. 그러니까 우리처럼 줍는 사람들은 본래 줍는 것이 목적이지 분리하는 것이 목적은 아니다. 그러니까 분리 자체는 크게 신경 쓰지 말고 대충 하면 된다. 나도 빈 캔을 실수로 불에 타는 쓰레기 종류에 넣었다가 아내에게 잘못 분리했다고 야단을 맞은 적이 있다.(웃음)

만약 마음에 걸리는 분이 있다면 기회다! '나는 쓰레기 분리를 완벽하게 하지 않으면 기분이 찝찝하다'는 관념, 즉 자신만의 규칙을 깨달아야 한다. 완벽주의인 자신을 깨닫고 자신만의 규칙을 완화할 수 있는 기회다. 그렇게 하면 지금까지보다 훨씬 더 편하고 여유 있는 마음으로 즐겁게 살 수 있다. 일단 한 가지가 느슨해지면 많은 것들을 이해하고 용서하게 되니까.

집까지 가져와서 버려야 할까?

자택 이외의 장소에서 쓰레기를 처리하려면 어떻게 해야 할까. 권하고 싶은 장소는 공공 쓰레기통이다. 지하철역이나 버스 정류장, 공원 쓰레기통을 이용하면 좋다. 때로 쓰레기통에 '가정용 쓰레기는 버리면 안 됩니다'라는 문구가 적혀 있지만 길에서 주운 것이니 당당하게 버리자.

　나는 가끔 편의점 쓰레기통도 이용한다. 예전에는 편의점에 가서 불우이웃돕기 모금함에 동전을 넣고 쓰레기를 버렸다. 이렇게 하면 죄악감이 사라졌다. 하지만 오랜 기간 동안 이런 모금 활동을 하면서 문득 알게 됐다. 유감스럽게도 모금한 돈 대부분은 본래의 목적을 위해서가 아니라 그 편의점을 운영하는 사람의 인건비에 사용된다는 사실을. 그래서 지금은 모금함에는 돈을 넣지 않고 그 대신 편의점 주변의 쓰레기를 줍는다. 회사의 경비 항목에서 가장 비중이 높은 것은 대부분 인건비. 내 귀중한 시간을 사용하여 쓰레기를 줍는 것 이상의 '모금'은 없다.

　집 근처에서 쓰레기를 주울 때는 공공시설인 공원이나 공공기관 건물 등의 쓰레기통 위치를 기억해 두면 편하다. 쓰레기가 너무 많아 봉투가 가득 차면 집으로 가져가지 말고 그 쓰레기통에 버리면 되니까.

　또 일부지만 외부에 쓰레기통을 개방해 둔 가게도 있다. 덧붙여 우리 회사의 직영점은 쓰레기를 줍는 일반인들을 위해 24시간 가게 밖에 쓰레기통을 설치해 둔다.

여행 중에는 호텔 프런트 부근의 화장실 쓰레기통을 이용하면 된다. 그 호텔에 숙박을 한다면 당당하게 버릴 수 있다. 그 호텔에 숙박하지 않을 때는 그 호텔 주변의 쓰레기를 주워 당당하게 호텔로 들어가 죄악감 없이 쓰레기를 버릴 수 있다.

실제로 호텔에 숙박할 때는 호텔 방의 쓰레기통에 쓰레기를 버린다. 담배꽁초가 많기 때문에 그대로 버리면 방 안에 담배 냄새가 남아 불쾌한 환경을 만들게 된다. 그럴 땐 비닐 봉투에 넣어 확실하게 묶어서 버리는 게 좋다. 내 꿈 중의 하나는 금연 호텔 방에 담배꽁초를 가득 버리고 "그 방은 금연인데 담배 피우셨지요?"라는 추궁을 받는 것이다.(웃음) 그러면 "댁의 호텔 주변의 담배꽁초를 주워서 버린 것입니다"라고 가슴을 펴고 당당하게 말하고 싶은데 아직까지 그런 추궁을 받은 적은 없다.

남이 버린 행운은
이렇게 찾는다!

　쓰레기는 하얀색, 은색, 투명이라고 기억해 두자. 길가를 걷다가 그런 것들을 발견한다면 대부분 쓰레기다.

　하얀색의 대표선수는 담배꽁초다. 그리고 휴지. 코로나 이후에는 사용이 끝난 물티슈가 많다. 마스크는 100개에 1개 확률로 떨어져 있다. 하얀색은 99퍼센트 확률로 쓰레기이기 때문에 길가에 떨어진 가을에 피는 하얀 꽃잎을 몇 번이나 착각해서 쓰레기라고 인식해 버린다. 이건 직업병이 아니라 습관병이다.

　은색 쓰레기의 대표선수는 포장지다. 은색 껌 포장지나 은박지, 빈 캔 등이 대표선수다.

투명한 쓰레기는 다양한 필름이다. 상품 포장 필름이 많이 떨어져 있다.

차도 옆 보도에서 쓰레기를 주울 때의 포인트는 보도 양쪽 가장자리, 그리고 길가의 잡초나 화분 사이 등을 집중적으로 살피는 것이다. 쓰레기를 떨어뜨리면 바람에 날려 쓰레기가 '걸리는' 장소가 있다. 경계석 아래의 고랑 부분이거나 길가 잡초의 가지, 또는 흙이나 돌이다. 그러니까 '쓰레기가 별로 없어서 보람을 느낄 수 없다'고 생각한다면 길가의 잡초 근처, 화분, 고랑 등을 찾아보자. 그리고 물이 낮은 곳에 모이듯 쓰레기도 중력에 의해 가장 낮은 장소에 모인다. 따라서 낮고 축축한 그늘진 곳에 쓰레기가 모이기 쉬운 경향이 있다.

보도에서 쓰레기를 주울 때 신경 써야 하는 점이 있다. 쓰레기를 줍다 보면 지그재그로 걷게 되는데 그럴 때는 뒤에서 달려오는 사람이나 자전거에게 방해가 된다. 오른쪽으로 향하다가 왼쪽에 쓰레기가 있는 것을 보고 갑자기 방향 전환을 하면 사고가 발생할 확률이 높다. 계속 직진만 하면 문제가 없지만 좌우의 쓰레기를 주울 때는 반드시 뒤쪽을 보고 자전거나 통행인이 없다는 사실을 확인하자. 교통안전은 좌우 확인이지만 쓰레기 줍기의 안전은 뒤쪽 확인이다.

100만 개 이상의 쓰레기를 주우면서 문득 궁금해졌다. '그러고 보니 무슨 쓰레기가 가장 많았을까?'

우리 회사는 데이터드리븐(Datadriven) 경영을 표방한다. 따라서 데이터에 근거하여 의사결정을 한다. 그렇게 하면 경영에서의 실수가 줄어들고 성공 확률이 올라간다. 그 데이터드리븐을 실시하는 회사의 사장이 쓰레기 줍기의 데이터를 가지지 않았다는 것은 난센스라는 사실을 깨달았다.

그래서 근처의 ①택지, ②상점가, ③교외형 점포 주변, ④공공시절인 학교나 공원 주변 등 네 가지 스폿을 돌아다니며 쓰레기의 종류를 분석해 봤다. 그 결과를 공개한다. 이런 광적인 분석을 하는 사람은 전 세계적으로도 그렇게 많지 않을 것이다.(웃음) 무엇보다 나는 쓰레기 줍기 선인이니까.

가장 많은 것은 예상대로 담배꽁초였다. 그야말로 45퍼센트. 다음으로 많은 것은 뜻밖에도 플라스틱 쓰레기다. 자동차가 주차할 때 부서뜨린 주차장의 원뿔형 콘 파편, 플라스틱 제품의 파편 등이 많이 떨어져 있다. 마이크로플라스틱이 해양쓰레기 문제로 부각됐는데 육지의 쓰레기도 마찬가지 상황에 놓인 듯하다. 세 번째가 종이 쓰레기다. 포장지와 영수증이 많다. 네 번째는 티슈나 물티슈. 그다음으로 껌 등의 은박지가 이어진다.

마스크는 전체의 1.6퍼센트였다. '100개 중 1개는 마스크'라는 것은 이 데이터에서 얻은 것이다.

데이터 분석을 위해 우리 집 차고 안에서 쓰레기를 펼쳐놓고 그 수를 셀 때 아내가 다가와 물었다. "지금 뭐 하는 거야?" 그래서 "어떤 종류의 쓰레기가 많은지 세어보는 거야"라고 대답했더니 "귀여워!"라면서 사진을 찍어줬다.(웃음) 그러나 쓰레기를 구분하고 세는 일은 하나도 도와주지 않았다. 어쨌든 언뜻 아무런 이득도 없는, 한심해 보이는 일을 하면 자신뿐 아니라 타인에게도 사랑스러운 캐릭터가 될 수 있다. ♪

덧붙여 진귀한 쓰레기는 얼마 전에 100만 개를 넘었을 때 어떤 주차장에서 주운 수영 모자다. 사용이 끝난 콘돔은 100만 개 중에서 3개 정도로 주웠다.(웃음) 또 '아이폰용 헤드폰 단자가 있었으면…' 하고 생각했더니 놀랍게도 그날 근처 도로에서 타이어에 밟힌 단자를 주웠다. 주운 물티슈로 깨끗하게 닦았더니 사용할 수 있었다. 물론 이런 단자를 주운 것은 처음이자 마지막이다. 그래도 역시 정말 필요한 것은 필요한 시기에 손에 들어온다는 인연의 신기함을 체감했다. 또 최근에는 쓰레기 분리용 목장갑이 필요하다고 생각했더니 15분 후에 목장갑 두 개를 주울 수 있었다. 쓰레기를 줍다 보면 이런 기적 같은 우연의 일치가 자주 발생하기 때문에 쓰레기 줍기는 정말 질리지 않는다.(웃음)

쓰레기 줍기 데이터 분석을 해봤다 ♪

대분류	중분류	소분류	수량	구성비	비고
담배	담배	담배꽁초	163	44.8%	-
플라스틱	공업용품	플라스틱 쓰레기	29	8.0%	주차장 콘 등
종이	그 외의 종이	종이	27	7.4%	영수증, 포장지, 스티커 사진, 전단지
종이	그 외의 종이	티슈 종류	18	4.9%	물티슈가 많고 공원에서는 대변 뒤처리용
종이	식료품	껌 은박지	17	4.7%	껌이 든 때는 적다
플라스틱	자동차 부품	분명한 자동차 부품	15	4.1%	-
비닐	그 외의 포장지	투명 비닐	13	3.6%	-
그 외	그 외의 포장지	그 외	10	2.7%	고무 밴드, 팝클립, 결속 밴드, 종이테이프, 아이스크림 막대, 건조제, 종이봉투

269

비닐	식료품	포장비닐	8	2.2%	사탕이나 과자의 포장 비닐
종이	위생용품	물티슈	7	1.9%	-
캔	드링크	드링크의 알루미늄 뚜껑	7	1.9%	줍기 어려움
천	위생용품	마스크	6	1.6%	가장 줍고 싶지 않은 물건일 수도. 자주 나뭇가지에 걸려 있다
종이	담배	담뱃갑	6	1.6%	크기 때문에 줍는 보람이 있다
페트병	드링크	페트병	6	1.6%	깨끗한 것은 재활용, 지저분한 것은 버린다
캔	드링크	캔	5	1.4%	안에 액체가 든 것도 20퍼센트 정도 된다
페트병	드링크	페트병 뚜껑	5	1.4%	자동차에 밟혀 찌그러진 상태가 많다
종이	그 외의 종이	골판지	4	1.1%	보기 드물게 큰 것이 있다
고무	공업용품	고무 제품	4	1.1%	-
나무	식료품	나무젓가락	3	0.8%	코로나 발생 이후 줄어듦, 이쑤시개도
비닐	식료품	도시락, 음료	3	0.8%	쓰레기통에서 비어져 나와 나뒹굴 때도 많다
그 외	그 외의 포장	끈	3	0.8%	-
종이	드링크	포장용 종이컵	2	0.5%	편의점 근처에 많다
천	일용품	목장갑	1	0.3%	깨끗한 것은 세탁해서 사용한다
천	일용품	수건	1	0.3%	깨끗한 것은 세탁해서 사용한다
비닐	식료품	약 봉투	1	0.3%	내용물이 빈 것이 많다
계			364	100%	-

경영자는 회사를 발전시키기 위해 큰 노력을 기울인다. 하지만 이른바 '성공'의 요인은 '운'이다. 그 운을 과학적으로 연구한 것 중 하나가 '풍수학'이다. 나도 풍수를 진지하게 공부한 적이 있다. 풍수에서는 토지에도 '운이 좋은 토지', '운이 나쁜 토지'가 있고 운이 나쁜 토지에 가게를 내면 성공하기 어렵다고 한다. 가게를 낼 때는 과학적인 수법으로 상권, 인구, 입지 분석을 하지만 성공률은 100퍼센트가 아니다. 그렇기 때문에 가게를 낸다는 것은 일종의 도박이다. 그래서 한때는 '운'을 조사하여 참고로 삼은 적이 있다.

풍수학 이론으로 말하면 쓰레기가 모이는 장소는 에너지나 물의 흐름이 나쁜 '운이 나쁜 장소'다. 하지만 나 같은 쓰레기 줍기광에게는 이런 운이 나쁜 장소야말로 절호의 스폿이다. 낚시를 좋아하는 사람이 말하는 이른바 포인트다. 운 나쁜 장소에 들어가 그 장소를 깨끗한 파워 스폿으로 만드는 것 역시 나 같은 사람에게는 보람 있는 일이다.

그리고 나 자신이 기분이 좋아져 즐겁고 가벼운 에너지를 발산하게 되면 나 자신이 파워 스폿이 될 수 있다. 쓰레기

줍기는 운이 나쁜 장소를 파워 스폿으로 만들면서 본인 스스
로도 파워 스폿으로 만드는, 그런 마법도 걸리게 해준다. ♪

쓰레기 줍기에서 주의해야 할
다섯 가지

　쓰레기 줍기 초보자가 저지르기 쉬운, 쓰레기 줍기에서의 주의점을 다섯 가지 정도 정리해 보겠다.

　첫째, 혼잡한 역 주변은 피해야 한다. 혼잡한 역일수록 역 구내에 쓰레기가 많이 떨어져 있다. 하지만 가능하면 그것을 줍고 싶은 마음을 억제하고 지나치는 것이 좋다. 쓰레기를 줍기 위해 멈추면 뒤에서 추돌사고도 일어날 수 있고 무엇보다 내려가는 계단은 위험하다. 어떻게든 쓰레기를 줍고 싶다면 행렬의 가장 뒤쪽에 서서 쓰레기를 줍는 방법이 있다.

　둘째, 차도에서의 쓰레기 줍기는 삼가야 한다. 지금까지 100만 개 이상의 쓰레기를 주웠지만 한 번도 나를 향해 경적을 울리는 자동차는 만난 적이 없다. 그것은 '차도는 성역'이라고 생각하여 도로 가장자리나 교차로 부근의 쓰레기만 줍기 때문이다. 특히 아이를 데리고 쓰레기를 주울 때는 아이를 안쪽에 있게 하고 차도 쪽으로는 절대로 다가가지 못하도록 관리해야 한다.

셋째, 기분 나빠지는 쓰레기는 줍지 않는다. 예를 들어 까마귀가 봉투에 든 음식물쓰레기를 흐트러뜨려 길가에 삐져나와 있는 모습을 볼 수 있다. 이것을 주우면 감정의 바늘이 기분 나쁜 쪽을 가리키기 쉽다. 무엇보다 냄새가 심하다! 쓰레기봉투에 냄새 나는 쓰레기를 넣으면 그 냄새가 하루 종일 풍겨 나온다. 그 불쾌함이 기분을 나쁘게 만들기 쉽다. 곤충의 사체나 대변도 줍지 않는다. 이것들은 쓰레기가 아니라 자연으로 환원되는 것이라고 생각하기 때문에 당당하게 지나쳐 버린다. 또 개미들이 꼬이는 음료수 종류의 쓰레기는 그대로 둔다. 이것은 개미들이 즐기는 대상이기 때문에 그냥 방치한다. 그것이 개미라는 존재를 존중하고 사랑하는 방법이다. ♪

넷째, 밤에는 쓰레기를 줍지 않는다. 밤의 어둠 속에서 무리해서 쓰레기를 주우면 나처럼 기저귀를 줍게 되거나 쓰레기라고 생각했는데 곤충의 사체나 대변이라는 비극이 발생하기 쉽다. 밤의 쓰레기 줍기는 밝은 장소에서만 하는 것이 무난하다.

마지막으로 주의해야 할 점은 '기분이 좋은 상태에서 쓰레기 줍기를 끝낸다'이다. 쓰레기를 줍다 보면 자기도 모르게 집중하게 돼 '좀 더 주워보자', '이왕 시작했으니까 역 주변까지 전부 치워주자'라는 식으로 힘이 들어가기 쉽다. 하지만 이것은 자기희생, 인내와 연결된다. 즐거운 마음으로 쓰레기를 줍던 것이 어느 틈엔가 의무감이 되고 즐거움을 잃게 된다. 자신의 '장래' 성취감을 우선하고 자신의 '현재' 좋은 감정을 억제하게 된다. 이것이야말로 우리처럼 성실한 성격을 갖춘 사람들이 빠지기 쉬운 함정 중의 함정이다.

기분이 좋은 상태까지만 하자

부디 쓰레기 줍기를 통해서 깨달은 것을 일상적으로 응용하자. 쓰레기 줍기를 통해서 자신의 순수한 감정에 솔직해져 보자. 그런 결과를 얻으려면 기분이 좋은 상태일 때 멈춰야 한다. 기분이 나빠지는 가장 큰 원인은 에너지 부족이다. 우리는 완전히 지친 상태에서도 몸이 외치는 비명을 무시하고 계속 채찍질을 가하면서 가족에게 서비스를 하거나 일을 한다. 하지만 마음과 몸에 여유가 없으면 "나는 이렇게 고생하는데!"라는 식으로 '~하는데'라는 질병에 걸리기 쉽고, 더 불행한 심리 상태인 피해의식에 빠지기 쉽다. 그렇게 되면 누군가를 탓하는 불쾌한 세계로 들어간다. 그러니까 '그래. 오늘은 이 정도면 될 것 같은데'라는 생각이 들면 거기에서 중단하자. 그것이 쓰레기 줍기를 오랫동안 지속할 수 있는 가장 중요한 비결이다.

나를 위해 버려주셔서 감사합니다

내가 좋아하는 이야기가 있다. 제목은 「천사의 선물」이
다. 무엇인가에 감동을 받아 눈물을 흘리고 싶을 때는 굳이
이 이야기를 읽는다. 이미 수백 번이나 읽고 수백 번이나 울
었다.(웃음) 10년 이상 전부터 몇 번인가 이 이야기를 직원들
을 대상으로 하는 자기계발 세미나에서 이야기해 왔다. 매번
같은 이야기지만 이야기를 하다가 감동을 받아 말문이 막혀
버려 곤란했다. 여러분도 마음이 깨끗해지기를 원할 때, 눈물
을 흘리고 싶을 때, 부디 이 이야기를 몇 번이고 읽어보기 바
란다. 이 이야기는 심리학자 에릭슨 박사에게 삶의 보람을 느
낄 수 없는 한 사람이 상담을 오는 장면부터 시작된다.

언젠가 에릭슨 박사의 여행지에 부유한 아무개 씨가 찾아왔다.

"저는 돈에는 부족함이 없고 커다란 저택에 살아요. 이탈리아에서 가져온 멋진 가구들에 둘러싸여 살고, 요리사는 매일 맛있는 요리를 만들어 줘요. 저는 정원을 가꾸는 일을 좋아해서 다른 일들은 모두 가정부에게 맡겼지만 정원을 가꾸는 일은 제가 직접 하지요. 하지만 저처럼 불행한 사람은 없을 거예요. 너무 외롭고 쓸쓸해요."

에릭슨 박사는 그 이야기를 잠자코 듣다가 물었다.

"알겠습니다. 당신은 교회에 다니십니까?"

"가끔 다녀요."

"그렇다면 당신이 다니는 교회에서 그 교회에 다니는 사람들의 목록을 좀 달라고 하십시오. 그 목록에 생일도 기입해서요. 당신은 정원을 가꾸는 일을 좋아한다고 하셨는데 꽃을 가꾸는 일도 좋아하시겠군요. 원예 중에서 어떤 것을 가장 좋아하십니까?"

"아프리칸바이올렛을 키우는 게 가장 즐거워요. 물을 주기도 어렵고 간단히 키울 수 없기 때문에 정성이 많이 들어가거든요. 하지만 저는 잘 키울 수 있어요."

"집으로 돌아가시면 교회 사람들의 목록을 생일 순으로 정렬하십시오. 그리고 생일이 찾아온 사람의 집 앞에 당신이 키운 꽃에 아름다운 카드를 첨부해서 갖다 놓으십시오. 단, 아무도 몰라야 합니다. 아무도 모르게, 그리고 누가 갖다 놓은 것인지 알 수 없도록 하셔야 합니다. 이것이 숙제입니다. 그렇게 하다 보면 어느 순간, 당신이 세상에서 가장 행복한 사람이라는 사실을 깨닫게 될 것입니다. 만약 행복해지지 않는다면 다시 저를 찾아오십시오."

아무개 씨는 너무 외롭고 마음이 공허했기 때문에 즉시 그 숙제를 실천에 옮겼다.

아무개 씨는 박사가 시킨 대로 이번 달은 누가 생일인지 조사해 보고 아름다운 화분을 만들었다. 아무도 모르도록 새벽 3시에 일어나 몰래 그 사람 집에 화분을 갖다 놓았다. 그러던 중, 마을에 소문이 돌았다. 이 마을은 훌륭한 마을이어서 천사가 생일을 맞이한 사람에게 축하의 의미로 꽃을 선물해 준다는 소문이었다. 누가 갖다 놓았는지 알 수 없었으니까. 아무개 씨는 에릭슨 박사에게 전화를 걸어 보고했다.

"아직 아무도 눈치채지 못했어요."

박사가 물었다. "당신은 어떤가요? 아직 불행하십니까?"

"네? 제가 불행하냐고요…?"

"당신은 반년 전에 저를 찾아와 '나만큼 불행한 사람은 없다. 돈도 있고 멋진 저택도 있지만 마음이 늘 공허하고 외롭다'고 말씀하시지 않았습니까?"

"아, 그랬지요. 완전히 잊었어요."

3개월이 지나 크리스마스가 찾아왔다. 크리스마스 저녁, 아무개 씨에게서 에릭슨 박사에게 전화가 걸려왔다.

"선생님, 이번 크리스마스만큼 신기한 크리스마스는 없었어요. 정원사가 커다란 대문 옆에 크리스마스트리를 세워 뒀는데 오늘 아침에 보니까 그 트리 아래에 크리스마스 선물이 엄청나게 쌓여 있었어요. 그 선물에는 보낸 사람 이름은 물론이고 아무런 정보도 적혀 있지 않았어요. 하지만 모두 제가 원하는 물건들이었어요. 늘 제가 쓰고 다니는 종류의 모자, 늘 제가 끼고 다니는 종류의 장갑, 늘 제가 두르고 다니는 종류의 스카프 등이었어요. 다양한 꽃씨와 새로운 생일 카드도 많이 있었어요. 대체 누가 갖다 놓은 것일까요?"

◆ ◆ ◆

마을에 사는 85세 노인이 내일이면 요양원으로 들어가기로 했다. 본인의 집에서 맞이하는 마지막 생일을 축하하려고 가족이 모두 모였다. 가족들을 둘러보다가 문득 테이블 위에 깨끗한 꽃화분이 놓인 것을 깨달았다.

"이건 누가 보내준 것이냐?"

가족들이 답했다. "천사님이요."

노인은 정말 천사가 보내준 것이라고 생각했다. 자신을 걱정해 주는 사람이 가족 이외에도 존재한다는 사실이 너무 기뻤다. 요양원으로 가는 것은 쓸쓸하고 외로운 일이지만 용기가 생겼다. 이 가족은 노인에게 용기를 준 선물을 보내준 사람은 누구인지 조사해 봤고 그것이 대저택의 아무개 씨라는 사실을 알았다. 대저택의 아무개 씨는 부족한 것은 아무것도 없는 사람일 테지만 그래도 무엇인가 보답을 해야겠다고 생각했다. 마을 사람들과 의논한 끝에 아무개 씨의 크리스마스트리 아래에 몰래 선물을 갖다 놓았다.

❖ ❖ ❖

아무개 씨가 이어서 말했다. "제 인생에서 이렇게 기쁜 크리스마스는 없었어요."

박사가 대답했다. "당신은 그 선물을 받을 자격이 충분합니다. 당신이 정원에 씨를 뿌리면 그 씨는 꽃이 돼 당신에게 돌아옵니다. 당신은 작은 씨를 가득 뿌렸으니까 크리스마스에 멋진 꽃들이 활짝 피어난 것이지요."

쓰레기 줍기의 두 가지 선물

아무개 씨가 삶의 보람을 느끼고 행복을 느낄 수 있게 된 이유는 무엇일까.

'정성을 들여 키운 꽃을 새벽 3시에 모르는 사람의 생일 선물로 갖다주는 자신을 사랑스러운 존재로 생각하는' 자기긍정감.

'자신 있는 아프리칸바이올렛 재배를 지속하여 사람들에게 선물을 했다'는 자기효력감.

'부자이지만 아무에게도 도움이 되지 않았던 사람이 꽃을 선물하면서 누군가를 기쁘게 해줄 수 있게 됐다'는 자기유용감.

이 세 가지로 자신감을 되찾고 행복한 세상으로 들어가

게 된 것이다.

　나는 이 이야기가 쓰레기 줍기와 너무 비슷하다는 느낌이 든다.

　'누구인지 전혀 모르는 사람의 집이나 가게 앞에서, 감사나 존경을 받는 일도 없이, 언뜻 한심한 행동으로 보일 수 있는 쓰레기 줍기를 하는 자신이 사랑스러운 존재로 느껴지는' 자기긍정감.

　'자신 있는 쓰레기 줍기를 지속하면서 본인이 걸어 다니는 지역을 거의 매일 깨끗하게 정돈한다'는 자기효력감.

　'타인의 집 앞, 공공기관, 거리의 쓰레기를 줍는 것으로 세상을 위해, 타인을 위해 공헌한다'는 자기유용감.

　그리고 그런 쓰레기 줍기를 지속하는 자신에게 언젠가 크리스마스 선물 같은 상이 주어질지도 모른다고 생각하면 자연스럽게 행복한 기분에 젖게 된다.♪ 직접적인 상이 아니더라도 쓰레기 줍기를 하면 가끔 뜻밖의 선물을 만난다. 아직 사용할 수 있는 귀여운 쓰레기들을 만날 수 있고, 평소에 눈길을 주기 어려운 나무들이나 꽃들을 만날 수 있으며, 미소 띤 표정으로 말을 걸어주는 마음 따뜻한 사람들을 만날 수 있다. '뜻밖의 행운', '작은 기적'은 끊임없이 발생한다. 인생에

마법이 걸리는 것이다. ♪

　아무개 씨처럼 크리스마스 선물이 주어진다면 당연히 기쁠 것이다. 우리 집 현관 앞에도 언젠가 누군가가 채소나 과일을 몰래 놓고 가는 그런 날이 오기를 꿈꾼다. 하지만 쓰레기 줍기의 진정한 선물은 따로 있다. 내 기분이 좋아진다는 선물이다. 아무개 씨는 '단지 아프리칸바이올렛을 선물하는 것'만으로 행복해졌다. 이와 마찬가지 현상이 쓰레기 줍기에서 발생한다. 담담히 쓰레기를 줍는 것만으로 '기분 좋은 마음'이라는 선물을 받을 수 있다. 이것이 쓰레기 줍기의 가장 큰 선물이고, 이것이야말로 '천사의 선물'이다.

　그리고 이 '뜻밖의 선물'과 '기분 좋은 마음'이라는 두 가지 선물이야말로 쓰레기 줍기를 하면 발생하는 인생의 마법이다.

　사람들 각자가 스스로 기분 좋은 마음을 만들 수 있게 되면 타인에 대한 간섭이 줄어들고 인간관계가 원활해진다. 그것이 확대되면 멋진 사회가 만들어진다. 자신을 기분 좋게 만드는 것이 최고의 사회공헌이라고 생각하며, 나는 오늘도 콧노래를 부르고 집게로 쓰레기를 주워 마음의 바늘을 기분 좋은 쪽으로 향하게 한다. ♪

쓰레기 줍기를 다룬 이 책이 여러분 마음의 바늘이 기분 좋은 쪽을 가리키도록 하는 데 조금이라도 도움이 된다면 더할 나위 없는 기쁨일 것이다. 독자 여러분에게 마치 유성이 떨어지듯 즐겁고 행복한 일들이 가득 찾아가기를 기대한다. ♪

길가의 쓰레기를 줍지 않고 나를 위해 버려주시는 모든 분들에게 진심으로 사랑과 감사를 담아 보내며. ♪

쓰레기 줍기 선인

요시카와 미쓰히데

나는 매일 남이 버린 행운을 줍는다

초판 1쇄 인쇄 2024년 11월 12일
초판 1쇄 발행 2024년 11월 19일

지은이 요시카와 미쓰히데
옮긴이 이정환
발행인 선우지운

편집 이주희
디자인 박선향
일러스트 지애
마케팅 김단희
제작 예인미술

출판사 여의도책방
출판등록 2024년 2월 1일(제2024-000018호)

이메일 yidcb.1@gmail.com
ISBN 979-11-987010-1-5 03320